Sandwichs, Fingerfood & Canapés

© Archipel studio, 2005
Hergestellt von Archipel studio

Alle Rechte vorbehalten.
Nachdruck, auch auszugsweise,
nur mit Genehmigung des Verlages.

Originalausgabe:
Sandwichs, tartines & canapés,
© Kubik éditions, 2005

© Kubik/RvR, 2005, für diese Ausgabe
RvR Verlag GmbH
Schulstraße 64
D-77694 Kehl
www.rvr-verlag.de

GRAFIK UND DESIGN: Thomas Brisebarre
ÜBERSETZUNG: Marianne Glaßer
PROJEKTKOORDINATION UND LEKTORAT: Ruth Mader
KORREKTORAT: argus Korrekturservice, Köln

ISBN 3-938265-05-1

Printed in Spain
Druck: April 2005

Constance Borde & Sheila Malovany-Chevallier

Sandwichs, Fingerfood & Canapés

Fotos: Sophie Boussahba

Gestaltung: Emmanuelle Javelle

6	Ein Hoch auf das Sandwich!		
8	Der Brotkorb		

14	**SANDWICHS ALS HAUPTMAHLZEIT**	51	Lachsburger
16	**SALAT & CO.**	52	Monte Cristo
16	Ei, Sardellen und Zwiebeln	52	Sloppy Joe
16	Thunfischsalat	53	Grilled Cheese Sandwich
18	Frischer Thunfisch und Krautsalat	54	Schweinefilet mit Barbecuesauce
19	Geflügelsalat	56	Croque-Monsieur
20	Hähnchenbrustfilet und hausgemachte Pickles	56	Croque-Monsieur mit Rührei
20	Krebsfleisch und Koriander	57	Croque-Madame
23	Lobster Roll	58	Welsh Rarebit
23	Eiersalat	58	Scotch Rarebit
24	Bacon, Salat und Tomate		
24	Hähnchenbrustfilet, Zwiebel und Rucola	60	**PARTY-SANDWICHS**
26	Mozzarella, Tomate und Rucola	62	**TRAMEZZINI**
27	Gorgonzola und Birne	62	Tramezzini mit Schinken, Gruyère und Senf
28	Classic Club Sandwich	62	Tramezzini mit Mozzarella, Schinken, schwarzen Oliven und Pesto
28	Nordic Club Sandwich		
31	Pan-bagnat	64	Tramezzini mit Thunfisch, Eiern, Artischocken und Knoblauchpüree
32	Reuben Sandwich		
34	**BAGUETTE**	65	Tramezzini mit Thunfisch
34	Hero Sandwich für jede Gelegenheit	67	Tramezzini mit Lachs, Gurke und Dillcreme
34	Maroccan Hero	67	Tramezzini mit Ricotta und Kräutersalat
36	Butter-Schinken-Baguette	68	Tramezzini mit Avocado und Bauchspeck
36	Schinken-Brie-Baguette	70	**TEA SANDWICHS**
39	**PITA**	70	Kresse und Gurke
39	Pita vegetarisch	70	Cremiger Käse und Chutney
39	Pita California (Cobb Salad Pita)	72	Weiße Rübchen und Minze
40	Pita mit Shrimpssalat	73	Radieschen und Senfkörner
41	Pita mit Lamm	74	Auberginenpüree und weiße Bohnen
42	**SANDWICHS VEGETARISCH**	74	Frische Kräuter
42	Paprika, Basilikum und Ziegenkäse	77	Thunfisch und Tapenade
42	Geröstete Paprika auf Knoblauchbrot	77	Lachs und Kapern
44	Ziegenkäse und Zucchini	77	Räucherforellen-Mousse
45	Sardinen und Zucchini	78	**SANDWICHRÖLLCHEN UND WRAPS**
46	Aubergine, Ricotta und Schinken	78	Geräucherte Bauchspeckröllchen
48	**SANDWICHS AUS DER PFANNE**	78	Schinken, Pecorino und Tomate
48	Super-Hamburger	80	Pute und Schwarzbohnensauce
49	Cheeseburger	81	Putenbrust und Gruyère

82	Geräucherter Bauchspeck, Tomate und Guacamole
82	Lachs, Gurke und Kapern

84 HÄPPCHEN UND BRUSCHETTE
86 BRUSCHETTE
- 86 Bruschetta
- 86 Bruschetta klassisch mit Tomate
- 89 Bruschetta mit Tomate und weißen Bohnen
- 89 Bruschetta mit Pilzen und Schinken
- 90 Bruschetta mit gegrillten Zucchini
- 91 Bruschetta mit Spargel und Schinken
- 92 Bruschetta mit Auberginen
- 92 Bruschetta mit Broccio und schwarzen Oliven
- 94 Bruschetta mit Mozzarella, Knoblauch und gedünstetem Salat
- 95 Bruschetta mit Tomaten und Ricotta
- 96 Bruschetta mit Geflügelleber und Salbei
- 96 Bruschetta mit warmen Linsen und Entenstopfleber
- 98 Bruschetta mit Sardinen
- 99 Bruschetta mit Sardellen und Ziegenfrischkäse

100 RAFFINIERT BELEGTE BROTE
- 100 Krebsfleisch und Sherry
- 100 Gehackter Rollmops
- 102 Marinierter Wolfsbarsch
- 103 Hummer und Avocado
- 104 Eier, halbweich
- 106 Gehackte Geflügelleber
- 107 Steinpilze
- 108 Zwiebel-Oliven-Fondue
- 108 Feigen und Brie
- 111 Ziegenkäse und Rosinen
- 111 Ziegenkäse und Birne
- 111 Époisses und Tomate

112 KÖSTLICHES AUS RESTEN
- 114 Roastbeef
- 114 Rinderbraten
- 117 Hackbraten
- 117 Pute und Apfelsenf
- 118 Entenbrust und hausgemachte Pickles
- 118 Schinkenwürfel
- 118 Omelett oder Rührei
- 120 Kalter Fisch, Meerrettich und Kapern
- 120 Kalter Fisch und Paprika
- 120 Kalter Fisch und Relish

122 BROTAUFSTRICHE UND WÜRZIGE BEIGABEN
124 BROTAUFSTRICHE
- 124 Blauschimmelkäse mit weißen Zwiebeln
- 124 Gemischter Frischkäse mit Kräutern
- 127 Caponata
- 127 Salsa
- 128 Auberginenkaviar
- 129 Guacamole
- 129 Hummus

130 WÜRZIGES
- 130 Anchoiade
- 130 Tapenade
- 130 Knoblauchpüree
- 132 Tomatenchutney
- 132 Tomatenchutney mit Ingwer
- 134 Pesto
- 134 Basilikumöl
- 135 Apfelsenf
- 135 Chinesischer Senf
- 136 Ketchup
- 136 Chiliketchup
- 138 Mayonnaise
- 138 Hausgemachte Pickles
- 141 Zucchinirelish
- 141 Geröstete Paprika

142 Liste der verwendeten Zutaten

Ein Hoch auf das Sandwich!

Was für einen weiten Weg hat das Sandwich seit seiner Erfindung im 18. Jahrhundert zurückgelegt! Nicht die Amerikaner sollen es erstmals kreiert haben und auch nicht die Eingeborenen der Sandwich-Inseln, wie der Name vermuten lassen könnte, sondern der Leibkoch eines englischen Gentlemans namens John Montagu, 4. Earl of Sandwich … Als notorischer Kartenspieler war der Erste Lord der britischen Admiralität so sehr in seine endlosen Partien vertieft, dass er sich am Spieltisch Butterbrote servieren ließ, die der Koch üppig mit Schinken, Stopfleber, Geflügelfilet oder Käse belegte; so konnte der Graf seinen Hunger stillen, ohne sein Spiel unterbrechen zu müssen, und die edle Klappstulle hatte ihren Namen.

Einst in solch noblen Kreisen verzehrt worden, hat das Sandwich längst den Spieltisch verlassen; es mischte sich unter das Volk und wurde Speise für jedermann. Sowohl am Arbeitsplatz als auch unterwegs stand die Brotzeit, Stulle oder Jause für eine wohlverdiente Pause nach einem anstrengenden Vormittag. Praktisch und schnell, wie das Sandwich war – bei der Zubereitung und vor allem beim Essen –, fand es bei all denjenigen Anklang, die „auf die Faust" etwas essen wollten, ohne deshalb auf eine gesunde und wohl schmeckende Mahlzeit zu verzichten.

Und dann kam die Sandwich-Revolution!
Mit einer Vielzahl an Formen, ob bestrichen oder belegt, ein- oder mehrstöckig, ist das Sandwich heute raffinierter geworden. Rezepte aus aller Herren Länder haben den Weg zu uns gefunden und die Zahl seiner Zubereitungsmöglichkeiten vervielfacht. Heute hat es unter den besten Gerichten seinen Platz in den gewöhnlichen Restaurants wie auch an der Tafel der Feinschmecker, bei Picknicks, Buffets, Cocktailempfängen und Partys. Es findet Freunde unter den größten Schlemmern ebenso wie unter Feinschmeckern, die um ihre Gesundheit und ihre schlanke Linie bangen. Die einen werden sich vielleicht eher an einem Monte Cristo mit Schweizer Käse und Putenbrust, einem Reuben Sandwich mit Corned Beef, Sauerkraut und Käse oder einem Cheeseburger gütlich tun, während die anderen eher bei Pita vegetarisch oder Paprika auf Knoblauchbrot auf ihre Kosten kommen.

Das „moderne" Sandwich soll den Ansprüchen genügen, die wir heute an eine gesunde und ausgewogene Ernährung stellen. Gerade seine Hauptzutat ist dabei ein echter Glückstreffer: Mit einem hohen Gehalt an Ballaststoffen und wertvollen Kohlenhydraten ist Brot ein wichtiger Energiespeicher und verhindert Heißhungeranfälle, die zum Naschen verleiten. Also Schluss mit den Süßigkeiten kurz vor dem Essen!
Wunderbar ergänzt wird das Brot zudem durch den Belag aus Gemüse, Salat, frischen Kräutern, Gewürzen, Fleisch, Fisch oder Käse. Man darf es also ohne Reue genießen.

Die eigentliche Renaissance des Sandwichs ist jedoch sein neuer Platz an unseren Tischen: Raffinierter als Pommes, aber nicht so kompliziert wie die kleinen Hors d'œuvres, eignet es sich für jede Gelegenheit. Serviert wird es in den vielfältigsten Formen: *Tramezzini*, originelle *Canapés* und raffiniert belegte Schnittchen bereichern das Familienfest ebenso wie den Cocktailempfang. Sie wollen zum Five o'clock tea einladen, brunchen oder schnell etwas für Freunde auf den Tisch zaubern? Lassen Sie Ihrer Phantasie freien Lauf, und servieren Sie Sandwichs.

Denn das Sandwich ist heute nicht mehr das alte Pausenbrot mit einer Scheibe Wurst darauf. Jedes Land hat seine eigene Variante: In Italien isst man *Bruschette*, kleine geröstete und mit Knoblauch eingeriebene Brotscheiben, und *Tramezzini*, gefüllte Weißbrotdreiecke, die man in Rom gern zum Frühstück verzehrt; in der Türkei oder in den arabischen Ländern bestreicht man *Pita* mit Hummus oder Auberginenkaviar oder verzehrt Sandwichrollen aus dünnem Fladenbrot; in Skandinavien kombiniert man Schwarzbrot oder Roggenbrot mit Lachs und Dill …

Zu der großen Vielfalt der Brotsorten gesellt sich eine unendliche Bandbreite an Zutaten, deren Unterschiede in Geschmack, Beschaffenheit und Farbe zu unzähligen Kombinationen einladen: Fertigmenühersteller wie Gourmetköche haben sich diese breite Geschmackspalette zu Eigen gemacht und eine wahre Kunst der Sandwichzubereitung entwickelt.
Aber ganz gleich, ob Sie im Besitz eines Küchenmeisterbriefs oder geübter Hobbykoch oder auch begeisterter Anfänger sind: Haben Sie an der Kreativität Freude, und erfinden Sie Ihre eigenen Sandwichs.

Stürzen Sie sich mit uns in dieses kulinarische Abenteuer!
In diesem Buch finden Sie zahlreiche Ideen, die Sie übernehmen oder nach Ihrem Geschmack/Ihren Einfällen abwandeln können. Entdecken und genießen Sie *Baguette* mit Krebsfleisch und Jerez, Sauerteigbrot mit Époisses und Birne, *Tea Sandwichs* mit Radieschen und Senfkörnern, *Wraps* mit Putenbrust und Schwarzbohnensauce, *Bruschetta* mit Linsen und Entenstopfleber, *Pita* mit Fisch, Meerrettich und Kapern und vieles mehr.

Nehmen Sie unsere Rezepte als Ausgangsbasis für die phantasievollsten Kreationen, die gewagtesten Mischungen, die verrücktesten Ideen, ändern Sie sie ab oder wandeln sie um, und probieren Sie Blauschimmelkäse mit weißen Zwiebeln, Caponata, Salsa, Auberginenkaviar, Guacamole, Anchoiade, Tapenade, Knoblauchpüree, Tomatenchutney mit Ingwer, Basilikumpesto, Apfelsenf, Chiliketchup, hausgemachte Pickles, Zucchinirelish, geröstete Paprika …

Und nun guten Appetit!
Constance und Sheila

Der Brotkorb

1. Hamburgerbrötchen
Hamburgerbrötchen werden aus einem ähnlichen Teig hergestellt wie Toastbrot (Weizenmehl, Butter, Milch, Zucker, Hefe und Salz). Die goldgelben runden Brötchen, manchmal mit Sesamkörnern bestreut, sind ideal für Burger aller Art.

2. Hefeweißbrot
Sandwichtoast und Brioche sind schwach gesüßtes Hefegebäck, das mit Eiern und Butter hergestellt wird. Daneben gibt es Hefegebäck noch als Zopf oder Brötchen. Diese Brotsorten schob man früher in den Ofen, wenn die anderen Brote schon gebacken waren und die Temperatur etwas abnahm. Sandwichtoast eignet sich wegen seiner Kastenform und der eher dicken Scheiben besonders gut für alle Sandwichs mit gebackenem Gemüse oder für die Bruschetta mit Geflügelleber oder mit warmen Linsen und Entenstopfleber.

3. Milchbrötchen
Die kleinen Brötchen mit Trockenhefe oder frischer Hefe als Backmittel kann man sehr leicht selbst backen; sie eignen sich hervorragend für alle Sandwichs mit Salat, beispielsweise für Lobster Roll.

4. Brötchen
Die meisten runden oder länglichen Brötchen bestehen aus einem ähnlichen Teig wie Weißbrot, man findet jedoch auch zahlreiche andere Varianten. Brötchen sind ideal für individuelle Sandwichs.

5. Baguette
Die lange, dünne Baguette ist ein Symbol für Frankreich; besonders gut und besonders französisch ist sie mit Butter und Schinken. Stangenweißbrot ist außen zart und knusprig, innen dicht und weich. In Scheiben geschnitten oder längs halbiert, garantiert es für wunderbare Sandwichs.

6. Toastbrot
Das zarte, weiche Toastbrot mit seiner dünnen Kruste (die man bei delikaten kleinen Sandwichs häufig entfernt) wird für Tramezzini oder Canapés verwendet. Gegrillt oder getoastet ist es außerdem die Grundlage für das berühmte Club Sandwich und für das französische Croque-Monsieur.

7. Olivenbrot
Dieses köstliche Weißbrot hat den Geschmack und den Duft von Oliven und Olivenöl. Es ist ideal für Sandwichs mit Paprika, Pesto, Tomaten und allen Zutaten aus dem Mittelmeerraum.

1. Roggen- und Kümmelbrot

Roggenmehl mit seinem geringen Glutengehalt gibt dem Brot einen kräftigeren Geschmack als Weizenmehl. Roggenbrot hat eine weiche Textur und eine feinporige Krume und ist rund oder länglich. Damit es nicht zu schwer wird, gibt man dem Teig veränderliche Mengen Weizenmehl zu, manchmal auch Kümmel, der ihm einen besonders aromatischen Geschmack verleiht. Als rustikales Brot ist es außer in Deutschland besonders in Russland und Skandinavien verbreitet, wo das Klima den Roggenanbau begünstigt. Es harmoniert hervorragend mit Wurst und Schinken, Käse, Fisch und Meeresfrüchten – im Grunde einfach mit allem. Es ist also ein guter Partner für Ihre Sandwichs.

2. Schwarzbrot oder Pumpernickel

In Deutschland gibt es ein großes Angebot an Vollkornkastenbroten, die oft in geschlossenen Formen in Wasserdampf gebacken werden. Das bekannteste und dunkelste ist Pumpernickel; es besteht ausschließlich aus grob geschrotetem Roggen. Vom Geschmack her ist es angenehm säuerlich. Diese Brotsorte wird vor allem für das Nordic Club Sandwich sowie für das Sandwich mit Pute und Apfelsenf oder mit kaltem Fisch und Relish verwendet.

3. Walnussbrot

In vielen Bäckereien wird heute Brot mit geriebenen oder grob gemahlenen Walnuss- oder Haselnusskernen angeboten. Dieses Brot ist ideal für alle Sandwichs mit Käse, gekochtem und rohem Schinken und Wurst.

4. Mehrkornbrot

Ob länglich, rechteckig oder in Brötchenform, Mehrkornbrot hat eine zarte Kruste und eine großporige Krume. Durch Stücke von ganzen Weizen-, Gersten- und Haferkörnern wird es leicht knusprig. Geeignet ist es als Alternative zu Toastbrot.

5. Landbrot und Sauerteigbrot

Sauerteigbrot ist bei uns die gängigste Brotsorte; heute wird es jedoch in der ganzen Welt gegessen, von Los Angeles bis Hongkong. Die Kruste der großen runden Brotlaibe ist dick und knusprig, die Krume hat einen feinsäuerlichen Geschmack. Die gleichmäßigen Scheiben lassen sich wunderbar toasten und strömen dabei einen unwiderstehlichen Duft aus. Dieses Brot ist ideal für die Sandwichs als Hauptmahlzeit, die Köstlichkeiten aus Resten, beispielsweise das Sandwich mit Hackbraten, sowie für Bruschette, da es nicht so leicht durchweicht. Noch etwas zu Sauerteig und Hefe, die zum Brotbacken nötig sind: Sauerteig ist eine Mischung aus Roggenfeinschrot und Wasser, die durch die Milchsäurebakterien in der Luft auf natürliche Weise zum Gären gebracht wird. Ein solcher Ansatz ist längere Zeit haltbar; für den nächsten Teig wird immer eine kleine Menge zurückbehalten. Hefe ist ein Allround-Backtreibmittel aus Hefepilzen, das man frisch oder als Trockenhefe verwendet.

1. Ciabattabrot
Ciabattabrot ist zart und weich mit einer leicht knusprigen Kruste. Erhältlich ist es als Laib oder als Brötchen. Beide sind für Sandwichs hervorragend geeignet. Da der Teig Olivenöl enthält, ist das Brot ideal für Pan-bagnat oder zu Thunfisch und Schinken.

2. Pitabrot
Dieses Brot aus dem Mittelmeerraum nennt man in England „Pocket Bread" (Taschenbrot). Es besteht aus schwach oder stark ausgemahlenem Mehl und geht beim Backen etwas auf, sodass eine Tasche entsteht, die sich ideal zum Füllen eignet.

3. Arabisches Fladenbrot
Arabisches Fladenbrot (Lavash) gibt es in Deutschland in manchen arabischen oder türkischen Geschäften und Spezialitätenläden. Die Brotfladen sind etwas dicker und unregelmäßiger als Tortillas; sie werden direkt auf dem heißen Stein oder auf dem Boden des Holzofens gebacken. Geeignet sind sie besonders für Sandwichrollen.

4. Tortilla
Tortilla, die Grundlage aller mexikanischen Gerichte, besteht meistens aus Maismehl. Heute ist es in fast allen deutschen Supermärkten zu finden, ein gutes Beispiel für die Internationalisierung unserer Nahrungsmittel. Wie die arabischen Brotfladen füllt man es mit Fleisch, Fisch, Gemüse oder Käse und macht köstliche Wraps daraus.

5. Skandinavisches Brot
Skandinavisches Flachbrot, Knäckebrot, besteht ganz oder teilweise aus Roggenmehl. Man kann damit besonders knusprige und originelle Sandwichs kreieren.

6. Schwedisches Brot oder Polarbrot
Dieses Brot mit seinem sehr weichen Teig, der beim Backen nicht aufgeht, stammt aus dem Norden Lapplands. Es wird heute häufig für klassische oder gerollte Sandwichs verwendet. Frisch oder geröstet ist es ideal für das Nordic Club Sandwich.

Sandwichs als Hauptmahlzeit

Ei, Sardellen und Zwiebeln ▸

Für 4 Sandwichs
4 Hamburgerbrötchen
1 Knoblauchzehe, geschält
einige Tropfen Essig
1 EL Olivenöl
Salz, frisch gemahlener Pfeffer
einige Blätter gemischter Salat
8 weiße Zwiebeln, in dünne Ringe geschnitten
1 geröstete grüne Paprika (s. S. 141), in Streifen geschnitten
2 Tomaten, in Scheiben geschnitten
2 hart gekochte Eier, in Scheiben geschnitten
8 eingelegte Sardellenfilets (aus dem Glas oder der Dose)
16 entsteinte schwarze Oliven
einige Blättchen frisches Basilikum

Die Brötchen halbieren, etwas aushöhlen und innen mit Knoblauch einreiben.

Aus Essig, Öl, Salz und Pfeffer eine Vinaigrette zubereiten und das Innere der Brötchen leicht damit beträufeln.

Die unteren Brötchenhälften nacheinander mit Salat, Zwiebelringen, Paprikastreifen, Tomaten- und Eierscheiben belegen. Sardellen und Oliven darauf geben und mit Basilikumblättchen bestreuen.

Den Belag mit etwas Vinaigrette beträufeln, die Sandwichs mit den anderen Brötchenhälften schließen.

Sofort genießen.

Salat & Co.

Thunfischsalat

Für 2 Sandwichs
4 Scheiben Toastbrot
140 g Thunfisch naturell aus der Dose
1 Zwiebel, fein gehackt
1 Stange Staudensellerie, fein gehackt
1/4 grüne Paprika, fein gewürfelt
3 EL Mayonnaise (s. S. 138) sowie 1 EL zum Bestreichen
Saft von 1/2 Zitrone
Salz, frisch gemahlener Pfeffer
1 hart gekochtes Ei, gehackt (nach Belieben)

Thunfisch abtropfen lassen und in einer Schüssel mit der Gabel fein zerdrücken.

Mit Zwiebel, Sellerie und grüner Paprika vermengen, Mayonnaise und Zitronensaft unterrühren. Salzen und pfeffern. Nach Belieben ein hart gekochtes Ei hinzufügen.

Die frischen Toastscheiben dünn mit Mayonnaise bestreichen. Thunfischsalat auf 2 Toastscheiben verteilen.

Die Sandwichs mit den beiden anderen Toastscheiben schließen und vor dem Servieren diagonal halbieren.

Variante: Zur Abwechslung kann man die Brotscheiben vorher toasten und die Mayonnaise durch die gleiche Menge Frischkäse ersetzen.

Frischer Thunfisch und Krautsalat

Für 6 Sandwichs
6 Hamburgerbrötchen
4 EL chinesischer Senf (s. S. 135)
Für den Krautsalat:
1/4 Kopf Weißkohl
2 Knoblauchzehen, geschält und gehackt
1 TL Ingwerwurzel, geschält und gehackt
2 EL Zitronensaft
60 ml Sonnenblumenöl
2 TL Sesamöl
2 TL Currypulver
einige Tropfen Sojasauce
Für den Thunfisch:
1 EL Pflanzenöl
Salz, frisch gemahlener Pfeffer
6 frische Thunfischfilets (à ca. 40 g)

Für den Krautsalat: Weißkohl fein hobeln und beiseite stellen. Knoblauch, Ingwer und Zitronensaft in einer Schüssel mischen. Sonnenblumenöl, Sesamöl und Currypulver nach und nach unter ständigem Schlagen zugeben. Die Sauce nochmals kräftig durchschlagen und über den Weißkohl geben. Vermischen und mit der Sojasauce würzen.

Für den Thunfisch: Pflanzenöl in der Pfanne stark erhitzen. Thunfischfilets salzen und pfeffern und in dem heißen Öl von jeder Seite etwa 2 Minuten braten.

Die Brötchen halbieren. Untere Brötchenhälften mit je 1 Thunfischfilet belegen, mit chinesischem Senf bestreichen und eine dicke Schicht Krautsalat darauf verteilen.

Die Sandwichs schließen und im Ofen bei 200 °C (Gas Stufe 6–7) einige Minuten backen.

Halbieren und warm servieren.

Geflügelsalat

Für 4 Sandwichs
8 Scheiben Sauerteigbrot
250 g gegartes kaltes Hähnchenbrustfilet, in kleine Würfel geschnitten
1 kleine Zwiebel, gehackt
1 Stange Staudensellerie, gehackt
2 EL grüne Paprika, gehackt
3 EL Mayonnaise (s. S. 138)
Salz, frisch gemahlener Pfeffer
1 hart gekochtes Ei, gehackt

Hähnchenbrustfilet, Zwiebel, Sellerie und Paprika in einer Schüssel vermengen, anschließend mit der Mayonnaise verrühren. Salzen, pfeffern und gehacktes Ei untermischen.

Geflügelsalat auf der Hälfte der Brotscheiben verteilen.

Mit den 4 übrigen Brotscheiben abschließen.

Die Sandwichs vor dem Servieren diagonal halbieren.

Variante: Anstelle von Mayonnaise kann man die gleiche Menge Joghurt verwenden.

Hähnchenbrustfilet und hausgemachte Pickles

Für 2 Sandwichs
4 Scheiben Sauerteigbrot, geröstet
1 EL Joghurt
1 TL Currypulver
1 große Prise Salz
1 Hähnchenbrustfilet (200 g)
1 TL Pflanzenöl
2 EL Pickles (s. S. 138)
2 junge kleine Zwiebeln, in dünne Ringe geschnitten
einige Blätter Rucola

Joghurt mit Currypulver verrühren, salzen und pfeffern und Hähnchenbrustfilet damit bestreichen. Öl in der Pfanne erhitzen und das Hähnchenbrustfilet bei schwacher Hitze von jeder Seite 7 bis 8 Minuten anbraten.

Nach dem Abkühlen in dünne Streifen schneiden.

Die Pickles auf 2 Brotscheiben verteilen, mit Zwiebelringen, Hähnchenbrustfilet und Rucola belegen. Mit den beiden anderen Brotscheiben abschließen.

Die Sandwichs auf einem Teller anrichten und vor dem Servieren halbieren.

Krebsfleisch und Koriander ▸

Für 3 Sandwichs
6 Scheiben Sauerteigbrot, geröstet
165 g Krebsfleisch aus der Dose
abgeriebene Schale 1 grünen unbehandelten Zitrone
einige Tropfen Tabasco
Saft von 1 grünen Zitrone
Salz, frisch gemahlener Pfeffer
2 EL Mayonnaise (s. S. 138) oder streichfähiger Speisequark
1 Hand voll Koriandergrün, gehackt
1/2 Salatgurke, in dünne Scheiben geschnitten
2–3 hart gekochte Eier, in Scheiben geschnitten
einige Prisen Paprikapulver

Krebsfleisch mit der Gabel zerdrücken und mit der Zitronenschale vermengen. Tabasco und Zitronensaft hinzufügen, anschließend salzen und pfeffern.

Alle 6 Brotscheiben mit Mayonnaise oder Speisequark bestreichen. Auf 3 Scheiben Krebsfleischmischung und Koriander verteilen, mit Gurken- und einigen Eierscheiben belegen. Mit den übrigen 3 Brotscheiben abschließen.

Restliche Eierscheiben dekorativ auf einem Servierteller verteilen und mit Paprika bestäuben. Die Sandwichs darauf anrichten.

Sandwichs, Fingerfood & Canapés

‹ Lobster Roll

Für 4 Sandwichs
4 Milchbrötchen
250 g gegartes Hummerfleisch
(1 kleiner Hummer ergibt ca. 250 g)
100 g Staudensellerie, grob gehackt
1 TL scharfer Senf
3 EL Mayonnaise (s. S. 138)
1 EL Butter

Hummerfleisch in etwa 1 Zentimeter große Würfel schneiden, in einer Schüssel mit Sellerie, Senf und Mayonnaise vermischen.

Zudecken und 20 Minuten im Kühlschrank durchziehen lassen.

Butter in der Pfanne zerlassen, Brötchen darin von allen Seiten leicht anbräunen.

Jedes Brötchen längs halbieren und mit der Hummermischung füllen.

Sofort servieren.

[Im Sommer 1604 ließen sich französische Siedler im heutigen Bundesstaat Maine im Nordosten der USA nieder und gingen dort auf Hummerfang. So entstand der älteste Industriezweig der USA. **HUMMER** sind in dieser Gegend so zahlreich, dass es unzählige verschiedener Zubereitungsmöglichkeiten gibt, so auch als Sandwich.]

Eiersalat

Für 4 Sandwichs
8 Scheiben Toastbrot
4 hart gekochte Eier
50 g Staudensellerie, gehackt
1 EL Zwiebelwürfel
3 EL Mayonnaise (s. S. 138) oder Joghurt
2 TL scharfer Senf
1 EL Schnittlauchröllchen

Hart gekochte Eier mit der Gabel zerdrücken. Sellerie, Zwiebelwürfel und mit Senf verrührte Mayonnaise (bzw. Joghurt) untermischen. Schnittlauchröllchen darüber streuen und unterheben.

Die Brotscheiben rösten. Eiersalat auf der Hälfte der Brotscheiben verteilen.

Mit den übrigen Brotscheiben abschließen (die Seite mit der Mayonnaise nach innen). Die Sandwichs je nach gewünschter Größe ein- oder zweimal diagonal durchschneiden.

Variante: Die Mayonnaise kann man durch die gleiche Menge streichfähigen Speisequarks ersetzen.

Bacon, Salat und Tomate

Für 2 Sandwichs
4 Scheiben Toastbrot
6 Scheiben Frühstücksspeck (Bacon)
2 EL Mayonnaise (s. S. 138)
2 kleine Tomaten, in Scheiben geschnitten
2 Blätter Kopfsalat (vorzugsweise Eisbergsalat)

Bacon in der Pfanne 3 Minuten von jeder Seite anbraten, dann auf Küchenpapier abtropfen lassen. Auch in der Mikrowelle lässt sich Bacon auf Küchenpapier sehr gut zubereiten. Man rechnet für 4 Scheiben etwa 2 Minuten auf hoher Stufe.

Die Brotscheiben im Toaster leicht goldgelb rösten, anschließend mit Mayonnaise bestreichen.

2 Scheiben Toast mit Tomaten, Bacon und Salat belegen.

Die Sandwichs mit den übrigen Toastscheiben schließen (die Seite mit der Mayonnaise nach innen) und diagonal halbieren.

Salat & Co.

Hähnchenbrustfilet, Zwiebel und Rucola ▸

Für 3 Sandwichs
1 Baguette
1 EL Olivenöl
Salz, frisch gemahlener Pfeffer
2 Hähnchenbrustfilets
1 Zwiebel, in dünne Ringe geschnitten
einige Blätter Rucola
2 EL Tomatenchutney (s. S. 132)

Öl in der Pfanne erhitzen. Hähnchenbrustfilets salzen und pfeffern, in dem Öl 10 bis 15 Minuten goldbraun braten. Auf einem Teller beiseite stellen.

Zwiebelringe in der gleichen Pfanne 8 bis 10 Minuten dünsten (wenn nötig noch etwas Öl zugeben, damit sie nicht am Pfannenboden anhaften).

Die Hähnchenbrustfilets in etwa 1/2 Zentimeter dicke Streifen schneiden.

Baguette durchschneiden. Eine Hälfte mit Hähnchenbrustfilet, Zwiebelringen und Rucola belegen.

Die andere Hälfte mit Tomatenchutney bestreichen, auflegen und fest andrücken.

Das Weißbrot vor dem Servieren in 3 Teile schneiden.

Variante: Statt eines Baguettes kann man auch 3 Ciabattabrötchen verwenden.

Mozzarella, Tomate und Rucola

Für 1 Sandwich
2 Scheiben Toastbrot
1 Tomate, in Scheiben geschnitten
3 TL Balsamessig (Aceto balsamico)
4 TL Olivenöl
Salz, frisch gemahlener Pfeffer
50 g Rucola
Saft von 1 Zitrone
100 g Mozzarella, in 1 cm dicke Scheiben geschnitten

Tomatenscheiben in einen tiefen Teller geben, mit Essig und 1/2 TL Olivenöl beträufeln. Salzen, pfeffern und 20 Minuten durchziehen lassen.

Rucolablätter in einer Schüssel in Zitronensaft und restlichem Olivenöl wenden, anschließend salzen und pfeffern.

1 der beiden Toastscheiben nacheinander mit marinierten Tomatenscheiben, Mozzarella und Rucola belegen.

Mit der zweiten Toastscheibe schließen und sofort servieren.

Variante: Statt Toastbrot kann man auch ein Ciabattabrötchen verwenden.

Gorgonzola und Birne

Für 4 Sandwichs
8 Scheiben Walnussbrot
180 g Gorgonzola
(oder anderer Blauschimmelkäse,
z. B. Roquefort, Stilton, Danablu)
30 g Frischkäse
2 feste Birnen

Blauschimmelkäse mit der Gabel zerdrücken und mit dem Frischkäse zu einer körnigen Mischung verrühren.

4 Brotscheiben mit der Käsemischung bestreichen.

Birnen schälen, Kerngehäuse entfernen und in dünne Scheiben schneiden. Birnenscheiben auf den Käse legen.

Die 4 Sandwichs mit den restlichen Brotscheiben schließen, auf 4 Tellern anrichten und vor dem Servieren halbieren.

Classic Club Sandwich ▸

Für 1 Sandwich
3 Scheiben Toastbrot
2 EL Mayonnaise (s. S. 138) oder
Salatdressing (Crème fraîche, Senf,
Salz und Balsamessig)
einige Salatblätter
einige Tomatenscheiben
50 g gegartes Hähnchenbrustfilet,
in dünne Scheiben geschnitten
1 bis 2 Scheiben Schnittkäse
(Cheddar, Gouda, Edamer)
1 Scheibe gekochter Schinken

Brotscheiben toasten und mit Mayonnaise oder Dressing bestreichen.

1 Toastscheibe mit klein geschnittenem Salat, Tomatenscheiben und Hähnchenbrustfilet belegen, zweite Toastscheibe darauf legen, mit Käse und Schinken belegen.

Mit der dritten Toastscheibe abschließen (die Seite mit der Mayonnaise nach innen), anschließend zweimal diagonal durchschneiden, um 4 kleine Dreiecke zu erhalten.

Variante: Zusätzlich kann man einige Scheiben hart gekochtes Ei auf die Salatblätter legen. Dann genügen 30 Gramm Hähnchenbrustfilet.

[Das **CLUB SANDWICH** ist der Klassiker unter den Sandwichs und schmeckt köstlich. Das Prinzip ist einfach: Salat und Geflügelfleisch zwischen 3 Scheiben Toastbrot, dazu etwas Mayonnaise. In den Bars und Clubs der amerikanischen Großstädte trat es seinen Siegeszug an und wurde bald so beliebt, dass eine New Yorker Zeitschrift ihm Anfang des 20. Jahrhunderts einen Artikel widmete. Heute ist es über die ganze Welt verbreitet.

Nordic Club Sandwich

Für 2 Sandwichs
3 Scheiben Toastbrot
3 Scheiben Vollkornbrot oder
Schwarzbrot
1 Avocado
2 EL Zitronensaft
Salz, frisch gemahlener Pfeffer
einige Blättchen Kerbel,
fein zerpflückt
1 EL cremiger Frischkäse
50 g Räucherlachs (ca. 2 Scheiben)
etwas Dill zum Bestreuen
50 g gegarte Shrimps
2 Blätter Kopfsalat

Toastscheiben rösten.

Avocado halbieren, den Kern entfernen und die Frucht anschließend schälen. Das Fruchtfleisch zerdrücken und mit Zitronensaft beträufeln, damit es nicht braun wird. Salzen und pfeffern, Kerbel untermischen.

Beim Zusammenstellen der Sandwichs für eines abwechselnd Schwarzbrot, Weißbrot und Schwarzbrot verwenden, für das andere in umgekehrter Reihenfolge vorgehen.

Die unterste Brotscheibe mit Frischkäse bestreichen, mit Lachs belegen und mit Dill bestreuen. 1 Scheibe von der anderen Brotsorte auflegen, mit Avocadopüree bestreichen und mit Krabben belegen. Mit 1 Salatblatt abschließen und das Sandwich mit der dritten Brotscheibe abschließen.

Beide Sandwichs diagonal halbieren und servieren.

PAN-BAGNAT wird in Südfrankreich gern gegessen; es enthält alle Zutaten des Nizzasalates und ist das ideale Sandwich für Picknicks. Seinen Namen hat es von dem mit Vinaigrette getränkten Brot: „pan bagnat" bedeutet im Provenzalischen „nasses Brot".

Pan-bagnat

Für 4 Sandwichs
4 runde Brötchen
150 ml Olivenöl + 1 EL für die Paprika
2 EL Weinessig
1 Knoblauchzehe, geschält und zerdrückt
2 TL Dijonsenf
Salz, frisch gemahlener Pfeffer
1 rote Paprika, in dünne Streifen geschnitten
einige Blätter Friséesalat
2 Tomaten, in Scheiben geschnitten
8 Streifen grüne Paprika (roh)
12 entsteinte schwarze Oliven, halbiert
33 g eingelegte Sardellenfilets (aus dem Glas oder der Dose), abgetropft
2 hart gekochte Eier, in Scheiben geschnitten
4 EL glatte Petersilie, gehackt
3 EL frisches Basilikum, fein zerpflückt

Olivenöl, Essig, Knoblauch und Senf zu einer Vinaigrette verrühren. Salzen und pfeffern.

Rote Paprikastreifen mit 1 EL Öl in der Pfanne braten, bis sie weich sind.

Brötchen halbieren, jede Brötchenhälfte mit der Vinaigrette beträufeln.

4 Brötchenhälften mit Salatblättern belegen, dann nacheinander in beliebiger Reihenfolge Tomatenscheiben, gegarte rote Paprika, rohe grüne Paprika, Oliven und Sardellenfilets darauf schichten. Mit Eierscheiben, Petersilie und Basilikum abschließen.

Die übrigen 4 Brötchenhälften auflegen, anschließend alle Sandwichs sehr fest in Alufolie einwickeln.

Vor dem Servieren mindestens 1 Stunde im Kühlschrank durchziehen lassen.

Tipp: Hier gibt es viele Variationsmöglichkeiten. Sie können statt der Sardellen Thunfisch naturell aus der Dose verwenden oder die Gemüsesorten je nach Jahreszeit abwechseln.

Reuben Sandwich

Für 2 Sandwichs
4 Scheiben Kümmelbrot
4 EL Mayonnaise (s. S. 138)
einige Tropfen Tabasco
2 EL Staudensellerie, gehackt
1 EL grüne Paprika, fein gehackt
4 dünne Scheiben Cornedbeef
4 Scheiben Gruyère (Greyerzer)
4 EL rohes Sauerkraut, gut abgetropft
2 EL Butter
2 saure Gurken

Mayonnaise, Tabasco, Sellerie und Paprika in einer Schüssel vermischen.

1 Brotscheibe nacheinander mit 1 Scheibe Cornedbeef, 1 Scheibe Gruyère, 1 EL Sauerkraut, 2 EL der Sellerie-Paprika-Mischung, einer zweiten Scheibe Cornedbeef und abschließend mit einer zweiten Scheibe Käse belegen.

Mit 1 Brotscheibe abschließen.

Das zweite Sandwich ebenso zubereiten.

1 EL Butter in der Pfanne zerlassen. Die Sandwichs bei mittlerer Hitze 4 bis 5 Minuten goldbraun braten, dabei einmal wenden. Bei Bedarf restliche Butter zugeben.

Die Sandwichs halbieren und warm servieren; als Beilage die sauren Gurken zweimal der Länge nach in 4 Stäbchen schneiden.

Das **REUBEN SANDWICH** wurde 1914 für Anette Seelos kreiert, die als Starlet in einem Charlie-Chaplin-Film spielte; es ist in New York zu einem echten Klassiker geworden. Die Idee stammt von Arnold Reuben, der Besitzer des großen Delikatessengeschäftes Reuben's, einem Treffpunkt der Stars aus Politik, Film und Fernsehen. Die wichtigsten Zutaten sind Cornedbeef, gepökeltes Rindfleisch oder gepökelte Rinderzunge sowie Sauerkraut und Gruyère oder ein anderer Schweizer Käse auf 2 Scheiben Kümmelbrot; das reich belegte Sandwich wird meist im Backofen gegrillt.

Pökelfleisch selbst herzustellen ist ziemlich aufwändig, deshalb nimmt man für dieses Sandwich meist Cornedbeef oder Pökelfleisch aus der Dose.

Hero Sandwich für jede Gelegenheit

Für 1 Sandwich
1/2 Baguette
1 EL Mayonnaise (s. S. 138) und/oder 1 TL Senf
2–3 dünne Scheiben Roastbeef
4 dünne Scheiben Gruyère (Greyerzer)
1 Tomate, in Scheiben geschnitten
einige Blätter Kopfsalat
3 dünne Zwiebelringe

Baguette halbieren, beide Seiten reichlich mit Mayonnaise und/oder Senf bestreichen.

Alle übrigen Zutaten auf eine Brothälfte schichten, das Sandwich mit der anderen Brothälfte schließen (die bestrichene Seite nach innen).

Sofort genießen.

[USA-Besucher werden das **HERO SANDWICH** auch öfter auf einer Speisekarte als Grinder, Hoagie oder Sub-Sandwich finden (von „submarine", weil es etwas von einem U-Boot hat). Mit seinen vielfältigen Zubereitungsmöglichkeiten ist es ein Sandwich für jede Gelegenheit: Man kann es mit Hackfrikadellen, Hähnchenbrust, Salami, hart gekochten Eiern, Paprika usw. belegen. Der Phantasie sind hier keine Grenzen gesetzt; man sollte jedoch darauf achten, dass alle Zutaten ganz frisch sind und miteinander harmonieren.

Maroccan Hero ▸

Für 4 Sandwichs
1 Baguette
1 EL Paprika
1 TL Kümmel
je 1 Prise Zimt, Ingwerpulver, Nelkenpulver und geriebene Muskatnuss
1 mittelgroße Aubergine, fein gewürfelt
1 kleine rote Paprika, fein gewürfelt
1 kleine gelbe Paprika, fein gewürfelt
1 mittelgroße Zwiebel, gehackt
250 ml Wasser
2 Knoblauchzehen, geschält und gehackt
3 EL Zitronensaft
Salz, frisch gemahlener Pfeffer
1 mittelgroße Zucchini, fein gewürfelt
einige Blättchen frisches Basilikum

Die Gewürze in einer Pfanne mit dickem Boden bei mittlerer Hitze 1 Minute unter ständigem Rühren erhitzen. Auberginen- und Paprikawürfel, gehackte Zwiebel und Knoblauch hinzufügen, Wasser und Zitronensaft angießen. Salzen und pfeffern. 5 Minuten köcheln lassen, dann die Zucchiniwürfel zugeben.

Weitere 10 Minuten köcheln lassen, bis das Gemüse weich und die Flüssigkeit verdampft ist. Nach dem Abkühlen in den Kühlschrank stellen.

Baguette längs halbieren, eine Hälfte reichlich mit der Gemüsemischung bestreichen. Mit Basilikumblättchen bestreuen, zweite Brothälfte auflegen. Anschließend dreimal durchschneiden, um 4 gleich große Sandwichs zu erhalten.

Tipp: Die Füllung kann im Voraus zubereitet werden; sie ist im Kühlschrank bis zu 5 Tagen haltbar.

Butter-Schinken-Baguette ▸

Für 2 oder 3 Sandwichs
1 Baguette
2 EL weiche Butter von guter Qualität
2–3 Scheiben feiner Kochschinken

Baguette durchschneiden, beide Innenseiten mit Butter bestreichen.

Das Sandwich mit Schinken belegen.

Vor dem Genießen in 2 oder 3 Stücke schneiden.

Wegen seiner einfachen Zubereitung ist das Sandwich mit Butter und Schinken für viele die klassische Brotzeit.

Schinken-Brie-Baguette

Für 3 Sandwichs
1 Baguette
3 EL scharfer Senf
100 g Brie ohne Rinde
2 Scheiben gekochter Schinken

Baguette durchschneiden, beide Innenseiten mit Senf bestreichen.

Brie in etwa 1/2 Zentimeter dicke Scheiben schneiden, eine Weißbrothälfte damit belegen.

Schinkenscheiben auflegen und das Sandwich mit der zweiten Brothälfte schließen.

Fest andrücken und vor dem Servieren in 3 Stücke schneiden.

Pita vegetarisch

Für 2 Sandwichs
2 Pitabrote
2 Tomaten, geschält, entkernt und fein gewürfelt
1 kleine Salatgurke, fein gewürfelt
2 Knoblauchzehen, geschält und gehackt
2 TL Ingwerwurzel, geschält und gehackt
1 EL Olivenöl
2 TL Essig
Salz, frisch gemahlener Pfeffer
3 EL Hummus (s. S. 129)
einige entsteinte schwarze Oliven (nach Belieben)
etwas frisches Koriandergrün

Tomaten- und Gurkenwürfel in einer Schüssel mit Knoblauch, Ingwer, Öl und Essig mischen. Salzen und pfeffern.

Jedes Pitabrot mit einem spitzen Messer seitlich einschneiden, sodass eine Tasche entsteht. Die Innenseiten reichlich mit Hummus bestreichen. Nach Belieben halbierte Oliven hinzufügen.

Pitabrote mit der Gemüsemischung füllen.

Die Füllung mit gehacktem Koriander bestreuen, Brote schließen und sofort genießen.

PITA ist die häufigste Fladenbrotsorte im Mittleren Osten. Je nach Region wird es aus verschiedenen Mehlsorten hergestellt und hat unterschiedliche Formen und Größen. Es geht beim Backen nicht auf und hat die Form einer Tasche, sodass es sich sehr gut füllen lässt.

Wenn man Pitabrot kurz aufbackt, lässt es sich leichter aufschneiden. Pita wird schnell trocken, schmeckt aber wieder wie frisch, wenn man es anfeuchtet und in Alufolie gewickelt 1 bis 2 Minuten unter dem Grill oder im Backofen aufbackt.

Frische Pita kann auch tiefgekühlt werden; danach sollte sie direkt im Backofen bei schwacher Hitze etwa 5 Minuten lang aufgetaut werden.

Pita California (Cobb Salad Pita)

Für 4 Sandwichs
4 Pitabrote oder 4 große Mehrkornbrötchen
2 TL Senf
1 EL Weinessig
3 EL Olivenöl
Salz, frisch gemahlener Pfeffer
2 gegarte Hähnchenbrustfilets, in kleine Würfel geschnitten
1 1/2 Tomate, entkernt und gewürfelt
1 reife kleine Avocado, entkernt, geschält und gewürfelt
1 hart gekochtes Ei, zerdrückt
4 Scheiben geräucherter Bauchspeck, gewürfelt
60 g Blauschimmelkäse, zerbröselt (Roquefort, Gorgonzola o. Ä.)
100 g Salat, zerpflückt

Senf, Essig und Olivenöl in einer Schüssel zu einer Vinaigrette verrühren. Salzen und pfeffern.

Gewürfelte Hähnchenbrustfilets, Tomaten, Avocado, Ei, Bauchspeck und Käse hinzufügen und vermischen.

Jede Pita mit einem spitzen Messer seitlich einschneiden, sodass eine Tasche entsteht. Das Innere mit Salatblättern auskleiden, dann mit der Mischung aus Hähnchenbrust, Bauchspeck und Käse füllen.

Die Pitabrote halbieren und sofort servieren.

Pita mit Shrimpssalat

Für 2 Sandwichs
2 Pitabrote
120 g gegarte Shrimps (oder 250 g Shrimps mit Schale)
2 EL Kapern
abgeriebene Schale von 1 unbehandelten Zitrone
1 EL Zitronensaft
1 EL Mayonnaise (s. S. 138) oder 1/2 EL Mayonnaise und 1/2 EL Joghurt
einige Tropfen Tabasco
2 EL Dill, gehackt
Salz, frisch gemahlener Pfeffer
4 Blätter Kopfsalat
10 dünne Scheiben Salatgurke, geschält

Shrimps, Kapern, abgeriebene Zitronenschale, Zitronensaft und Mayonnaise (bzw. Mayonnaise und Joghurt) in einer Schüssel mischen. Tabasco und Dill unterrühren, anschließend salzen und pfeffern.

Jedes Pitabrot mit einem spitzen Messer seitlich einschneiden, sodass eine Tasche entsteht.

Das Innere mit Kopfsalatblättern und Gurkenscheiben auskleiden, dann die Pitabrote mit Shrimpssalat füllen.

Im Ganzen oder halbiert servieren.

Pita mit Lamm

Für 6 Sandwichs
6 Pitabrote
2 EL Olivenöl
1 große Zwiebel, gehackt
600 g mageres Lammhackfleisch
3 EL Pinienkerne (nach Belieben)
1 kleine Chilischote, fein gehackt
Saft von 1/2 Zitrone
1 Hand voll glatte Petersilie, gehackt
1 TL chinesisches Fünfergewürz (Gewürzmischung aus Sternanis, Fenchelkörnern, Gewürznelken, Chinazimt und Szechuanpfeffer)
1 Prise Piment
1 Prise Cayennepfeffer
Salz, frisch gemahlener schwarzer Pfeffer
einige Zitronenviertel zum Garnieren

Öl in der Pfanne erhitzen, gehackte Zwiebel bei mittlerer Hitze glasig dünsten. Lammhackfleisch (und eventuell Pinienkerne) hinzufügen und 10 bis 15 Minuten unter ständigem Wenden braten, bis es eine dunkle Farbe annimmt.

Chilischote, Zitronensaft, Petersilie und Gewürzmischung sowie Piment und Cayennepfeffer dazugeben. Mit Salz und schwarzem Pfeffer abschmecken.

Jedes Pitabrot mit einem spitzen Messer seitlich einschneiden, sodass eine Tasche entsteht. Mit dem fertigen Lammhackfleisch füllen, schließen und fest andrücken, damit sich die Füllung besser verteilt.

Die Pita halbieren, die Hälften in Dreiecke schneiden.

Warm oder lauwarm servieren, mit den Zitronenvierteln garnieren.

Paprika, Basilikum und Ziegenkäse

Für 3 Sandwichs
6 Scheiben Toastbrot
2 TL Olivenöl
1 rote Paprika, in Streifen geschnitten
5 Tropfen Balsamessig (Aceto balsamico)
Salz, frisch gemahlener Pfeffer
200 g cremiger Ziegenkäse
einige Blättchen frisches Basilikum

Öl in der Pfanne erhitzen, Paprikastreifen hinzufügen und 8 bis 10 Minuten braten, bis sie weich und leicht gebräunt sind. Essig zugeben und noch 1/2 Minute köcheln lassen. Salzen und pfeffern, auf einem Teller beiseite stellen.

Alle Toastscheiben entrinden. 3 Toastscheiben mit Ziegenkäse bestreichen, anschließend mit Paprikastreifen und Basilikumblättchen belegen.

Die Sandwichs mit den übrigen Brotscheiben abdecken und zum Verschließen leicht andrücken.

Auf 3 Serviertellern anrichten und jedes Sandwich vor dem Genießen halbieren.

Geröstete Paprika auf Knoblauchbrot ▸

Für 6 Sandwichs
12 Scheiben Buttertoast
3 EL Olivenöl
2 EL Knoblauchpüree (s. S. 130)
2 geröstete rote Paprika (s. S. 141)
2 geröstete gelbe Paprika (s. S. 141)
2 EL Basilikumöl (s. S. 134)
Salz, frisch gemahlener Pfeffer
100 g Rucola

Toastscheiben mit Öl beträufeln und im Ofen goldbraun rösten, anschließend dünn mit Knoblauchpüree bestreichen.

Die Hälfte der Toastscheiben mit Paprikastreifen belegen, mit Basilikumöl beträufeln. Salzen und pfeffern.

Einige Blätter Rucola auf die Paprikastreifen geben, dann jedes Sandwich mit einer zweiten Scheibe Buttertoast schließen. Die Sandwichs diagonal halbieren.

Ziegenkäse und Zucchini

Für 4 Sandwichs
4 Sauerteigbrötchen
1 Zucchini, in 1 cm dicke Scheiben geschnitten
1 EL Olivenöl
Salz, frisch gemahlener Pfeffer
120–150 g frische Ziegenkäserolle aus dem Kühlschrank
1 großes Bund glatte Petersilie, gehackt
2–3 EL Tapenade oder Anchoiade (Sardellenpaste) (nach Belieben, s. S. 130)
4 Salatblätter

Zucchinischeiben mit Öl bestreichen, salzen, pfeffern und auf dem Grillrost oder in der Pfanne braten, bis sie weich sind.

Ziegenkäserolle in Petersilie wälzen, danach in etwa 1/2 Zentimeter dicke Scheiben schneiden.

Jedes der Brötchen durchschneiden, Innenseiten eventuell dünn mit Anchoiade oder Tapenade bestreichen. Untere Brötchenhälften nacheinander mit einer Schicht Zucchinischeiben, 1 Salatblatt und den in Petersilie gewälzten Käsescheiben belegen.

Vor dem Servieren mit der zweiten Brötchenhälfte schließen.

Sardinen und Zucchini

Für 4 Sandwichs
8 leicht geröstete Scheiben Sauerteigbrot
4 Sardinen in Olivenöl
1/2 Zucchini
1 EL Kapern
4 TL Tapenade (s. S. 130)
2 EL Salbeiblätter, fein gehackt (alternativ Sellerie- oder Liebstöckelblätter)

Sardinen abtropfen lassen, Mittelgräte entfernen. Jede Sardine der Länge nach halbieren.

Zucchini in etwa 20 möglichst dünne Scheiben schneiden.

Kapern abspülen und abtropfen lassen.

Die 8 Brotscheiben mit Tapenade bestreichen. 4 davon mit je 5 Zucchinischeiben und je 2 Sardinenhälften belegen.

Mit Salbei und Kapern bestreuen, dann mit den übrigen Brotscheiben abschließen.

Sofort genießen.

Aubergine, Ricotta und Schinken

Für 4 Sandwichs
4 Ciabattabrötchen
1 kleine Aubergine
1 Knoblauchzehe, geschält und gehackt
2 EL Olivenöl
Salz, frisch gemahlener Pfeffer
50 g Ricotta
einige Tropfen Balsamessig (Aceto balsamico)
1 TL frische Minze, gehackt
1 TL krause Petersilie, gehackt
1 TL Basilikum, gehackt
1 TL getrocknete Tomaten in Öl, gehackt
4 Scheiben Parmaschinken
4 Tomaten, entkernt und gewürfelt
einige ganze Basilikumblättchen

Backofen auf 200 °C vorheizen (Gas Stufe 6–7).

Auberginenhaut an mehreren Stellen einschneiden und die Aubergine für 40 Minuten in den Backofen geben, bis sie vollständig weich ist. Nach dem Abkühlen das Fruchtfleisch mit dem Löffel herausschaben und in einer Schüssel beiseite stellen.

Gehackten Knoblauch und 1 EL Olivenöl zum Auberginenfruchtfleisch geben. Salzen und pfeffern. Vermischen und mit der Gabel zu feinem Püree zerdrücken.

Ricotta in einer anderen Schüssel mit der Gabel zerdrücken, Essig, restliches Olivenöl, gehackte Minze, Petersilie und Basilikum hinzufügen. Abschmecken und eventuell nachwürzen.

Die Brötchen halbieren und schichtweise bestreichen: zuerst die Hälfte der Ricottamischung mit den getrockneten Tomaten, dann die übrige Ricottamischung mit den Schinkenscheiben, schließlich das Auberginenpüree mit den rohen Tomaten darauf geben. Deckel auflegen und etwas andrücken.

Die Brötchen vor dem Servieren mit den ganzen Basilikumblättchen garnieren.

Super-Hamburger

Für 5 Sandwichs
5 Hamburgerbrötchen
2 Zwiebeln, fein gehackt
500 g Rinderhackfleisch
1 EL Butter
1 Ei
etwas gehackte Petersilie
Salz, frisch gemahlener Pfeffer
etwas Mehl

Zwiebeln bei schwacher Hitze in 1 EL Butter glasig dünsten. In einer Schüssel mit Rinderhackfleisch, Ei und Petersilie vermischen. Salzen und pfeffern.

Aus der Mischung 4 Frikadellen formen und leicht mit Mehl bestäuben.

In der gleichen Pfanne wie die Zwiebeln 2 bis 3 Minuten von jeder Seite braten.

Jedes der Brötchen durchschneiden, die untere Hälfte mit der Frikadelle belegen. Mit der anderen Brötchenhälfte schließen und leicht andrücken.

Die Hamburger sofort servieren, Ketchup, Senf usw. dazu reichen.

Der **HAMBURGER**, die bekannte flache Frikadelle aus Rinderhackfleisch zwischen dem speziellen Brötchen, ist etwas typisch Amerikanisches. Nach Lust und Laune kann man das Brötchen zusätzlich mit Mayonnaise, Ketchup oder Senf bestreichen und mit Tomatenscheiben, einem Salatblatt, Zwiebelringen, sauren Gurken usw. belegen. So wird der Hamburger auch für den feinsten Gaumen zum Genuss.

In den USA grenzt es an Hochverrat, wenn man den Hamburger mit Messer und Gabel isst oder durchschneidet. Man nimmt ihn in beide Hände und beißt kräftig zu. Und wenn es tropft, macht es auch nichts: Dazu gibt es ja Servietten.

Sandwichs aus der Pfanne

Cheeseburger

Für 4 Sandwichs
4 Hamburgerbrötchen
500 g Rinderhackfleisch
2 EL Zwiebelwürfel
Salz, frisch gemahlener Pfeffer
1 TL Worcestersauce oder Tabasco
(nach Belieben)
75 g Käse in Scheiben
(Cheddar oder Gouda)

Rinderhackfleisch in einer Schüssel mit Zwiebeln vermengen, salzen, pfeffern und eventuell mit Worcestersauce oder Tabasco würzen. Aus dem Teig 4 Frikadellen formen.

Unter dem Backofengrill, auf dem Grillrost oder in der Pfanne 5 Minuten braten. Wenden, Käsescheiben auflegen und weitere 3 Minuten braten, sodass der Käse leicht schmilzt.

Hamburgerbrötchen aufschneiden, Innenseiten leicht rösten. Untere Brötchenhälften mit den Käsefrikadellen belegen, mit den anderen Brötchenhälften schließen und leicht andrücken.

Sofort servieren.

Variante: Noch köstlicher wird der Cheeseburger, wenn man 4 Scheiben geräucherten Bauchspeck hinzufügt. Speckscheiben in der Pfanne 2 Minuten braten und als Letztes auf das Sandwich geben.

Lachsburger

Für 4 Sandwichs
8 Scheiben festes Bauernbrot
1/2 Salatgurke, in dünne Scheiben geschnitten
1 EL Apfelessig
1 TL Zucker
1 Prise Cayennepfeffer
Salz, frisch gemahlener Pfeffer
1 Eiweiß
1 EL Sojasauce
1 TL Ingwerwurzel, geschält und gehackt
250 g Lachsfilet ohne Haut, in Stücke geschnitten
1 weiße Zwiebel, fein gehackt
2 TL Senfkörner
2 TL Erdnussöl
4 Salatblätter

Gurkenscheiben in einer Schüssel mit Essig, Zucker und Cayennepfeffer vermischen. Salzen und pfeffern.

In einer zweiten Schüssel Eiweiß mit Sojasauce und Ingwer vermixen, Lachs, gehackte Zwiebel und Senfkörner hinzufügen. Erneut mixen, abschmecken und eventuell nachwürzen.

Aus dem Teig je nach Größe der Brotscheiben 4 längliche, etwa 2 Zentimeter dicke Frikadellen formen.

Erdnussöl in der Pfanne stark erhitzen. Wenn das Öl heiß ist, Lachsfrikadellen darin von jeder Seite 2 Minuten anbraten. Hitze reduzieren, Deckel auflegen und weitere 5 Minuten braten, dabei einmal wenden.

4 Brotscheiben mit je 1/2 Salatblatt belegen. Gut abgetropfte Gurkenscheiben und Lachsfrikadellen darauf geben.

Die Sandwichs mit den übrigen Brotscheiben schließen.

Heiß oder lauwarm servieren.

Variante: Anstelle von Cayennepfeffer kann man auch die gleiche Menge Piment verwenden.

Monte Cristo

Für 2 Sandwichs
6 Scheiben Toastbrot
2–3 EL Senfmayonnaise
4 Scheiben Gouda
4 Scheiben Putenbrustfilet oder
4 Scheiben gekochter Schinken
4 Zwiebelringe
1 EL Pflanzenöl
1 EL Butter
1 Ei
150 ml Milch

Die 6 Toastscheiben mit Senfmayonnaise bestreichen. 4 Toasts mit je 1 Scheibe Käse, 1 Scheibe Putenbrust oder Schinken und 1 Zwiebelring belegen.

2 dieser 4 Toasts mit den beiden letzten Brotscheiben bedecken (die Seite mit der Mayonnaise nach innen) und die beiden doppelten Toasts auf die beiden einfachen setzen, um 2 dreistöckige Sandwichs zu erhalten.

Brotrinde mit dem Messer abschneiden. Sandwichs fest in Klarsichtfolie verpacken und für mindestens 30 Minuten, jedoch nicht länger als 6 Stunden in den Kühlschrank legen (so weicht das Brot weniger durch, wenn man es in der Milch-Ei-Mischung wendet).

Öl und Butter bei schwacher Hitze in der Pfanne zerlassen. Inzwischen Milch und Ei in einer Schüssel zu einer gleichmäßigen Mischung verschlagen.

Klarsichtfolie von den Sandwichs entfernen, jedes Sandwich vorsichtig von allen Seiten in der Milch-Ei-Mischung wenden.

Die Sandwichs etwa 5 Minuten schön goldbraun braten, dabei einmal wenden.

Heiß oder lauwarm servieren.

Sloppy Joe

Für 4 Sandwichs
4 runde Brötchen oder
1 Baguette, in 4 Stücke geschnitten
1 EL Pflanzenöl
1 Zwiebel, gehackt
1 kleine rote oder gelbe Paprika, gewürfelt
4 Knoblauchzehen, geschält und gehackt
1 Stange Staudensellerie, gehackt
2 TL Thymian
Salz, frisch gemahlener Pfeffer
600 g Rinderhackfleisch
600 g geschälte und gestückelte Tomaten (frisch oder aus der Dose)
70 ml Apfelessig
1 EL Worcestersauce
120 ml Bier
3 EL Lauchzwiebeln, gehackt

Öl bei mittlerer Hitze im Bräter erhitzen. Zwiebel, Paprika, Knoblauch, Sellerie und Thymian zugeben. Salzen und pfeffern, die Hitze reduzieren und das Gemüse 10 Minuten weiterdünsten; die Zwiebeln sollen glasig, aber nicht braun werden. Das Gemüse auf einem Teller beiseite stellen.

In der gleichen Pfanne bei stärkerer Hitze das Fleisch 10 Minuten goldbraun braten. Gemüsemischung, Tomaten, Essig, Worcestersauce und Bier zufügen.

Mit einem Deckel halb bedecken und mindestens 15 Minuten köcheln lassen, bis die Mischung dickflüssig ist.

Währenddessen die Brötchen halbieren und rösten.

Auf die 4 unteren Hälften je 1 1/2 EL von der Fleisch-Gemüse-Mischung geben. Mit gehackter Lauchzwiebel bestreuen und die Sandwichs schließen.

Warm servieren und mit Messer und Gabel verzehren.

Grilled Cheese Sandwich

Für 2 Sandwichs
4 Scheiben Toastbrot
75 g Butter
100 g geriebener Käse

Toastscheiben von beiden Seiten mit 50 Gramm Butter bestreichen. 2 Toasts mit geriebenem Käse bestreuen. Die Sandwichs mit den anderen beiden Brotscheiben schließen.

Übrige Butter in einer großen Pfanne schmelzen, die Sandwichs von jeder Seite 4 Minuten braten.

Heiß servieren.

Tipp: Die Sandwichs werden noch besser, wenn man sie während des Bratens beschwert: Man bedeckt das Brot in der Pfanne mit Alufolie und legt ein Gewicht von etwa 500 Gramm darauf (z. B. eine Konservendose), damit die Sandwichs schön flach werden. Von einer Seite 4 Minuten goldbraun braten, dann das Gewicht und die Alufolie entfernen, das Sandwich wenden, erneut beschweren und weitere 4 Minuten braten.

Schweinefilet mit Barbecuesauce

Für 6 Sandwichs
6 Ciabattabrötchen
FÜR DIE MARINADE MIT GURKEN UND ROTEN ZWIEBELN:
1/2 rote Zwiebel, geschält und gehackt
1/4 Salatgurke, geschält, entkernt und fein gewürfelt
Salz, frisch gemahlener Pfeffer
2 EL Sonnenblumenöl
1 EL Weinessig
FÜR DAS FLEISCH:
2 TL Knoblauch, geschält und fein gehackt
2 TL Paprikapulver
1 TL grobes Salz
1 TL grob zerstoßener Pfeffer
500 g Schweinefilet
3 TL Pflanzenöl
3 EL Apfelessig
3 TL Zitronensaft
1 TL Chiliflocken
FÜR DIE BARBECUESAUCE:
1 1/2 TL Öl
3 TL Schalotten, fein gehackt
1 1/2 TL Knoblauch, fein gehackt
frisch gemahlener Pfeffer
1 1/2 TL Kümmelpulver
1/2 TL Chilipulver
1 TL Chiliflocken
70 ml Bier
1 EL Melasse
1 1/2 TL Tomatenmark
1 TL Weinessig
1/2 TL grobes Salz

Für die Marinade: Zwiebel und Gurke in einer Schüssel mischen. Salzen und pfeffern, mit Öl und Essig beträufeln. 20 Minuten kühl stellen und durchziehen lassen.

Für das Fleisch: Knoblauch, Paprika, Salz und Pfeffer in einer Schüssel mischen, das Schweinefilet damit bestreichen. In einer Pfanne mit dickem Boden das Öl erhitzen, Fleisch darin rundum anbraten. Wenn es gebräunt ist, Essig, Zitrone und Chilis hinzufügen. 30 Minuten köcheln lassen.

In der Zwischenzeit die Barbecuesauce zubereiten: Öl in einer zweiten Pfanne erhitzen, Schalotten, Knoblauch, Pfeffer, Kümmel und Chilipulver hinzufügen, 2 Minuten anbraten. Chilis, Bier, Melasse, Tomatenmark, Weinessig und Salz zugeben. Hitze reduzieren und die dickflüssige Sauce 10 Minuten köcheln lassen.

Für die Sandwichs: das Fleisch noch heiß in dünne Scheiben schneiden und in der Barbecuesauce wenden.

Die aufgebackenen oder getoasteten Ciabattabrötchen mit den Fleischscheiben und der Marinade aus Gurken und roten Zwiebeln garnieren.

Sandwichs aus der Pfanne

Im Süden der USA entstand einerseits unter dem Einfluss der Sklaven, die über die Karibischen Inseln aus Afrika gekommen waren, andererseits durch die Grundbesitzer aus verschiedenen europäischen Ländern das sog. „Southern Plantation Cooking", die typische Küche der Plantagenbesitzer auf den Antillen. Zu den Spezialitäten dieser Küche mit ihren scharf gewürzten Gerichten zählt die **BARBECUESAUCE** — feurig, farbig und typisch amerikanisch.

Croque-Monsieur

Für 4 Sandwichs
8 Scheiben Toastbrot
2 Scheiben feiner Kochschinken
8 Scheiben Emmentaler
50 g Butter
frisch gemahlener Pfeffer
4 EL Milch
100 g geriebener Käse
geriebene Muskatnuss

Backofen auf 200 °C (Gas Stufe 6–7) vorheizen.

Schinken und Käse auf die Größe der Toastscheiben zurechtschneiden.

Brot auf beiden Seiten mit Butter bestreichen. 4 Toasts mit je 1 Scheibe Schinken und Käse belegen. Pfeffern und mit den übrigen Toasts bedecken.

Milch, geriebenen Käse und Muskatnuss in einer großen Schüssel vermischen, die Mischung auf den 4 Sandwichs verteilen. Die Sandwichs auf das heiße Backblech setzen und 8 Minuten von der einen, 5 Minuten von der anderen Seite backen.

Das Croque-Monsieur heiß und mit Salat servieren.

Croque-Monsieur ist ein typisch französisches Sandwich, das mit Schinken und Käse belegt und dann nochmals mit Käse überbacken wird; der Name bedeutet ungefähr so viel wie „etwas zum Knabbern für den Herrn".

Man kann dieses Sandwich auch ohne die Milch-Käse-Mischung in der Pfanne zubereiten: einfach in etwas Butter 5 Minuten von jeder Seite braten.

Croque-Monsieur mit Rührei

Für 4 Sandwichs
8 Scheiben Toastbrot
100 g Butter
100 ml Milch
4 Scheiben gekochter Schinken
8 Scheiben Gruyère (Greyerzer)
3 Eier
Salz, frisch gemahlener Pfeffer
etwas gehackte Petersilie

Schinken und Käse auf die Größe der Toastscheiben zurechtschneiden. Alle Toastscheiben mit Butter bestreichen, 4 davon beiseite legen.

Die anderen 4 Toastscheiben mit je 1 Scheibe Käse, Schinken und wieder Käse belegen. Jedes Croque-Monsieur mit 1 der übrigen Toastscheiben schließen (die gebutterte Seite nach innen).

Aus den Eiern und 25 Gramm Butter Rühreier zubereiten. Salzen und pfeffern. Wenn das Rührei fast fertig ist, Milch hinzufügen und untermischen. Rührei über einem Topf mit kochendem Wasser warm halten.

Restliche Butter in der Pfanne zerlassen. Sandwichs darin 10 Minuten goldbraun braten, dabei einmal wenden.

Beim Servieren das heiße Rührei auf den 4 Sandwichs verteilen und mit gehackter Petersilie bestreuen.

Croque-Madame

Für 4 Sandwichs
8 Scheiben Toastbrot
8 Scheiben Emmentaler
4 Scheiben feiner Kochschinken
40 g Butter
4 Eier
Salz, frisch gemahlener Pfeffer

Backofen auf 200 °C (Gas Stufe 6–7) vorheizen.

Schinken und Käse auf die Größe der Toastscheiben zurechtschneiden.

Alle Toastscheiben mit Butter bestreichen. 4 davon mit je 1 Scheibe Käse, Schinken und wieder Käse belegen.

Jedes Croque-Madame mit 1 der übrigen Toastscheiben schließen (gebutterte Seite nach innen). Im Backofen 8 Minuten von einer Seite und 5 Minuten von der anderen Seite goldbraun rösten.

Inzwischen aus den Eiern Spiegeleier zubereiten, salzen und pfeffern.

Beim Servieren auf jedes frisch geröstete Sandwich 1 Spiegelei geben.

Das überbackene Sandwich mit Spiegelei ist die „weibliche" Variante des Croque-Monsieur. Der Emmentaler lässt sich auch durch dünne Scheiben Ziegenkäse (z. B. Crottin de Chavignol) ersetzen. Zusätzlich kann man einige Tomatenscheiben oder Zwiebelringe auf den Schinken geben.

Welsh Rarebit ▸

Für 2 Sandwichs
2 Scheiben Toastbrot
25 g Butter
2 dicke Scheiben Cheddar
2 EL scharfer Senf
frisch gemahlener Pfeffer

Backofen auf 180 °C (Gas Stufe 6) vorheizen.

Brotrinde mit dem Messer abschneiden, Brote im Toaster hellgelb rösten. Anschließend dünn mit Butter bestreichen.

Jede Toastscheibe in eine kleine feuerfeste Form geben. Mit 1 Scheibe Cheddar belegen und etwas Senf auf den Käse verteilen. Pfeffern und bei mittlerer Hitze etwa 7 Minuten im Ofen überbacken, bis der Käse ganz geschmolzen ist.

Dieses Sandwich serviert man sehr heiß und verzehrt es mit Messer und Gabel, um sich nicht die Finger zu verbrennen.

> Die Herkunft des **WELSH RAREBIT**, manchmal auch Welsh Rabbit genannt, ist recht mysteriös, ebenso wie sein Name. Niemand weiß, was er bedeutet; sicher ist nur, dass dieses Sandwich weder aus Wales stammt noch Kaninchenfleisch enthält.
>
> Die Zubereitungsweise, von der es unzählige Varianten gibt, orientiert sich an einem Rezept von Isabella Beeton, das 1861 in ihrem bekannten Ratgeber zur Haushaltsführung „The Book of Household" erschien.

Scotch Rarebit

Für 2 Sandwichs
2 Scheiben Toastbrot
2 dicke Scheiben Cheddar
2 EL (schottischer) Whisky oder Portwein
2 EL scharfer Senf
frisch gemahlener Pfeffer

Whisky und Cheddar in eine Pfanne geben, Senf und Pfeffer hinzufügen und das Ganze bei schwacher Hitze 2 bis 3 Minuten schmelzen. (Man kann die Mischung auch in der Mikrowelle schmelzen; je nach Leistung etwa 1 Minute auf höchster Stufe.)

Getoastetes Brot mit dem geschmolzenen Käse bestreichen und nochmals in den Backofen geben.

Sehr heiß servieren.

Variante: Anstelle von Whisky kann man auch 2 EL Bier verwenden.

Sandwichs aus der Pfanne

Party-Sandwichs

Tramezzini mit Schinken, Gruyère und Senf

Für 6 Tramezzini
9 Scheiben Toastbrot
1 EL weiche Butter
2 TL scharfer Senf
3 dünne Scheiben gekochter Schinken
6 dünne Scheiben Gruyère (Greyerzer)

Von allen Toastscheiben die Rinde abschneiden.

3 Scheiben mit Butter und 3 mit Senf bestreichen.

Schinken auf die Größe der Toastscheiben zurechtschneiden, dann je 1 Schinkenscheibe auf 1 mit Butter bestrichene Toastscheibe legen.

Mit den unbestrichenen Toastscheiben bedecken. Je 1 Scheibe Käse darauf legen. Mit den mit Senf bestrichenen Toastscheiben abschließen (die Seite mit dem Senf nach innen).

Die Sandwichs leicht zusammendrücken, damit sie gut schließen, dann diagonal in 6 gleiche Dreiecke schneiden.

Sofort servieren und genießen.

Die kleinen dreieckigen **TRAMEZZINI** kommen aus Italien. Diese köstlichen zwei- oder dreistöckigen Snacks aus entrindetem weichem Toastbrot mit feiner Füllung eignen sich ebenso gut für die Frühstückspause, für den Nachmittagsimbiss oder als Beilage zu Cocktail und Aperitif.

Tramezzini mit Mozzarella, Schinken, schwarzen Oliven und Pesto ▸

Für 6 Tramezzini
9 Scheiben weiches Toastbrot
6 EL Basilikumpesto (s. S. 134)
6 dünne Scheiben Mozzarella
3 Scheiben roher Schinken
100 g entsteinte schwarze Oliven, in kleine Stücke geschnitten

Alle Toastscheiben entrinden und mit Pesto bestreichen.

3 Toastscheiben mit Mozzarella belegen. Mit 3 weiteren Brotscheiben abdecken, Schinken und Oliven darauf legen.

Die übrigen Toastscheiben auflegen und die Sandwichs leicht zusammendrücken, damit sie gut schließen, dann diagonal in 6 gleiche Dreiecke schneiden.

Sofort servieren und genießen.

Tramezzini mit Thunfisch, Eiern, Artischocken und Knoblauchpüree

Für 6 Tramezzini
9 Scheiben Toastbrot
90 g Thunfisch naturell aus der Dose, abgetropft
2 EL Knoblauchpüree (s. S. 130)
3 Artischockenherzen, in feine Streifen geschnitten
2 hart gekochte Eier, in dünne Scheiben geschnitten

Thunfisch in einem tiefen Teller mit der Gabel zerdrücken, mit 1 EL Knoblauchpüree vermengen.

Von allen Toastscheiben die Rinde abschneiden. 1 Scheibe dünn mit Thunfisch-Knoblauchpüree-Mischung bestreichen, mit den geschnittenen Artischockenherzen belegen.

Mit einer zweiten Toastscheibe bedecken, diese mit Knoblauchpüree bestreichen. Eierscheiben darauf legen. Mit 1 dritten Toastscheibe schließen und das Ganze leicht zusammendrücken.

Bei den beiden anderen Sandwichs ebenso verfahren.

Die 3 Sandwichs diagonal in 6 gleiche Dreiecke schneiden.

Sofort servieren und genießen.

Tramezzini mit Thunfisch

Für 4 Tramezzini
6 Scheiben Toastbrot
3 Sardellenfilets
(aus dem Glas oder der Dose)
45 g Thunfisch naturell aus der Dose, abgetropft
2 EL weiche Butter oder Speisequark
1 EL Kapern
1 EL Tapenade (s. S. 130)

Sardellen im Mixer pürieren oder mit der Gabel zerdrücken.

Von jeder Toastscheibe die Rinde abschneiden.

Thunfisch mit Butter und Kapern in einen tiefen Teller geben, mit der Gabel zerdrücken.

2 Toastscheiben zuerst mit dem Sardellenpüree, dann mit einer Schicht Tapenade bestreichen. Mit 2 weiteren Toastscheiben abdecken, diese dünn mit der Mischung aus Thunfisch, Butter und Kapern bestreichen.

Beide Sandwichs mit den restlichen Toastscheiben schließen, diagonal in 4 gleiche Dreiecke schneiden.

Sofort servieren und genießen.

Tramezzini mit Lachs, Gurke und Dillcreme

Für 6 Tramezzini
9 Scheiben Toastbrot
50 g Mascarpone
50 g cremiger Frischkäse
1 EL Dill, gehackt
Salz, frisch gemahlener Pfeffer
1 Salatgurke, geschält und in dünne Scheiben geschnitten
3 Scheiben Räucherlachs
2 hart gekochte Eier, in dünne Scheiben geschnitten

Für die Dillcreme Mascarpone, Frischkäse und Dill vermengen. Salzen und pfeffern.

Alle Toastscheiben entrinden und mit Dillcreme bestreichen.

Auf 3 der 9 Toastscheiben einige Gurkenscheiben verteilen. Je 1 Scheibe Räucherlachs darauf geben, dann 1 Scheibe Toastbrot mit Dillcreme (die bestrichene Seite nach innen).

Die oberen Toastscheiben wieder mit Dillcreme bestreichen, mit Eierscheiben belegen. Mit den restlichen Toastscheiben abschließen (die bestrichene Seite nach innen).

Jedes Sandwich diagonal durchschneiden, um 6 gleiche Dreiecke zu erhalten.

Sofort servieren und genießen.

Tramezzini mit Ricotta und Kräutersalat

Für 4 Tramezzini
6 Scheiben Toastbrot
100 g Ricotta, gut abgetropft
1 EL Parmesan, gerieben
1 EL Olivenöl
1 Hand voll frische Petersilie
1 Hand voll frischer Estragon
1 Hand voll frischer Kerbel
1 Hand voll frisches Basilikum
1 Hand voll frischer Oregano
3–4 weiße Zwiebeln, in dünne Ringe geschnitten
5 schwarze Oliven, entsteint und gehackt
1 TL Reisweinessig
2 TL scharfer Senf
Salz, frisch gemahlener Pfeffer

Ricotta und Parmesan vermengen. Mit 1/2 EL Öl beträufeln.

Kräuter hacken. Aus Reisweinessig, restlichem Öl und Senf eine Vinaigrette zubereiten, würzen, über die Kräuter geben.

2 Toastscheiben mit der Käsemischung bestreichen. Mit 2 weiteren Toastscheiben abdecken, den Kräutersalat darauf geben. Die Sandwichs mit den übrigen Toastscheiben abschließen, nicht zu fest andrücken.

Jedes Sandwich diagonal durchschneiden, um 4 gleiche Dreiecke zu erhalten.

Sofort servieren und genießen.

Tramezzini mit Avocado und Bauchspeck

Für 12 Tramezzini
6 Scheiben Vollkornbrot oder Toastbrot
125 g Bauchspeck in dünnen Scheiben
1 reife Avocado
1 EL Zitronensaft
abgeriebene Scheibe von 1 unbehandelten Zitrone
Salz, frisch gemahlener Pfeffer
2 EL weiche Butter

Die Bauchspeckscheiben in mehrere Schichten Küchenpapier einschlagen und 2 Minuten auf höchster Stufe in der Mikrowelle erhitzen, bis sie schön kross sind. Aus dem Küchenpapier nehmen und fein schneiden. Oder in der Pfanne knusprig braten, anschließend auf Küchenpapier abtropfen und fein schneiden.

Avocado halbieren, den Kern entfernen, schälen und das Fruchtfleisch mit der Gabel zerdrücken. Zitronensaft und -schale untermischen. Salzen und pfeffern.

Toastscheiben entrinden und mit Butter bestreichen. 3 Scheiben mit dem Avocadopüree bestreichen, den gewürfelten Bauchspeck darauf geben.

Mit den übrigen Toastscheiben abdecken, leicht andrücken. Jedes Sandwich zweimal diagonal durchschneiden, um 12 gleiche kleine Dreiecke zu erhalten.

Sofort servieren und genießen.

Tipp: Für dieses Rezept kann man auch Olivenbrot verwenden und den Bauchspeck durch Pancetta ersetzen.

Kresse und Gurke ▸

Für 8 Tea Sandwichs
8 Scheiben Toastbrot
100 g cremiger Frischkäse
30–40 g Butter
1/2 Salatgurke, geschält und in Scheiben geschnitten
1/2 Bund Kresse, gehackt
Saft von 1/2 Zitrone

4 Scheiben Toastbrot mit cremigem Frischkäse, die anderen 4 mit Butter bestreichen. Die mit Frischkäse bestrichenen Toastscheiben mit Gurke belegen, eine Schicht gehackte, mit Zitronensaft beträufelte Kresse darauf häufen.

Mit den restlichen Toastscheiben schließen (gebutterte Seite nach innen).

Die Sandwichs entrinden und diagonal durchschneiden, um 8 gleiche Dreiecke zu erhalten.

Sofort servieren und genießen.

[Die kleinen **TEA SANDWICHS**, die man mit ein oder zwei Bissen verspeisen kann, sind in England sehr beliebt; sie werden zum traditionellen *Five o'clock tea* gegessen. Auf der anderen Seite des Kanals, in Frankreich, bevorzugt man Canapés: köstliche kleine Häppchen, manchmal aus geröstetem Brot, die bei Festen zum Aperitif serviert werden. Die folgenden Rezepte sind für Tea Sandwichs gedacht, man kann aber auch sehr gut Canapés daraus zubereiten: einfach nur die halbe Menge Toastbrot verwenden.

Cremiger Käse und Chutney

Für 8 Tea Sandwichs
8 Scheiben Toastbrot
100 g cremiger Frischkäse
2–3 EL Tomatenchutney (s. S. 132)
einige Blätter Kresse

4 Toastscheiben mit cremigem Käse bestreichen, anschließend eine Schicht Chutney auf den Käse geben und einige Blätter Kresse darauf verteilen.

Die Sandwichs mit den 4 anderen Toastscheiben schließen. Brotrinde entfernen und jedes Sandwich diagonal durchschneiden, um 8 gleiche Dreiecke zu erhalten.

Sofort servieren und genießen.

Weiße Rübchen und Minze

Für 24 Tea Sandwichs
12 dünne Scheiben Toastbrot
3 EL Mayonnaise (s. S. 138)
3 EL cremiger Frischkäse
1 EL abgeriebene Schale von
1 unbehandelten Zitrone
1 EL Zitronensaft
1 EL körniger Senf
1/2 TL Salz
frisch gemahlener Pfeffer
2–3 junge weiße Rübchen (roh)
3 EL frische Minze, gehackt

Mayonnaise, Frischkäse, abgeriebene Zitronenschale, Zitronensaft und Senf vermischen. Salzen und pfeffern. Nach Belieben mit etwas Zitronensaft und/oder Senf nachwürzen.

Weiße Rübchen in hauchdünne Scheiben schneiden oder raspeln.

Jede Toastscheibe mit der Mayonnaise-Frischkäse-Mischung bestreichen. Auf 6 der Scheiben eine dünne Schicht gehackte Minze und einige Scheiben weiße Rübchen geben.

Die Sandwichs mit den übrigen Toastscheiben schließen. Brotrinde entfernen und jedes Sandwich zweimal diagonal durchschneiden, um 24 gleiche kleine Dreiecke zu erhalten.

Die fertigen Sandwichs in Klarsichtfolie einwickeln und bis zum Servieren in den Kühlschrank legen.

Radieschen und Senfkörner

Für 20 Tea Sandwichs
10 Scheiben Toastbrot
200 g Radieschen, hauchdünn geschnitten
2 TL Senfkörner
250 g Weichkäse (z. B. Brie, Camembert)
1 TL Salz
frisch gemahlener Pfeffer
3–4 EL weiche Butter
einige Blätter Rucola

Radieschen, Senfkörner, Käse und Salz vermischen. Mit Pfeffer abschmecken.

Jede Toastscheibe mit Butter bestreichen, auf 5 der Scheiben die Radieschenmischung verteilen. Rucolablätter auflegen und die Sandwichs mit den übrigen Toastscheiben schließen (gebutterte Seite nach innen).

Brotrinde entfernen und jedes Sandwich zweimal diagonal durchschneiden, um 20 gleiche kleine Dreiecke zu erhalten.

Sofort servieren und genießen.

Variante: Die Senfkörner kann man durch Mohn ersetzen und statt Rucola Spinatblätter oder Kopfsalat verwenden.

Auberginenpüree und weiße Bohnen

Für 24 Tea Sandwichs
12 dünne Scheiben Toastbrot
1 mittelgroße Aubergine
5 TL Olivenöl
1 Knoblauchzehe
100 g weiße Bohnen, gekocht
1/2 EL Tahina (Sesampaste)
1 TL gemahlener Kümmel
Salz, frisch gemahlener Pfeffer
Saft von 1 Zitrone
1 EL glatte Petersilie, fein zerpflückt
1 EL frische Minze, fein zerpflückt

Aubergine längs halbieren.

Im vorgeheizten Backofen bei 180 °C (Gas Stufe 6) 20 bis 25 Minuten oder in der Mikrowelle auf höchster Stufe 7 Minuten erhitzen, bis die Haut schwarz und das Fruchtfleisch weich ist.

1/2 EL Olivenöl in der Pfanne erhitzen, Knoblauch zuerst bei schwacher, dann bei mittlerer Hitze 5 Minuten weich dünsten.

Das Auberginenfruchtfleisch herausschaben und mit weißen Bohnen, Knoblauch, dem restlichem Öl, Tahina, Kümmel, Salz, Pfeffer und Zitronensaft im Mixer pürieren. Gegebenenfalls noch etwas Öl zugeben.

6 Toastscheiben dick mit dieser Mischung bestreichen, mit den fein zerpflückten Kräutern bestreuen und mit den übrigen Toastscheiben abdecken.

Brotrinde entfernen, die Sandwichs zweimal diagonal durchschneiden, um 24 gleiche kleine Dreiecke zu erhalten.

Sofort servieren und genießen.

Frische Kräuter ▸

Für 16 Tea Sandwichs
8 Scheiben Toastbrot
100 g cremiger Frischkäse
4 EL gemischte frische Kräuter (Basilikum, Estragon, glatte Petersilie und Koriander), fein zerpflückt
1/2 Salatgurke, in hauchdünne Scheiben geschnitten
6–8 Radieschen, in hauchdünne Scheiben geschnitten

4 Toastscheiben mit Käse bestreichen, darauf eine dicke Schicht gemischte Kräuter häufen, mit den Gurken- und Radieschenscheiben belegen. Die Sandwichs mit den übrigen Toastscheiben schließen.

Brotrinde entfernen, die Sandwichs zweimal diagonal durchschneiden, um 16 gleiche kleine Dreiecke zu erhalten.

Sofort servieren und genießen.

Thunfisch und Tapenade

Für 16 Tea Sandwichs
8 Scheiben Toastbrot
180 g Thunfisch naturell aus der Dose, abgetropft
2 EL Mayonnaise (s. S. 138)
4 EL Tapenade (s. S. 130)

Thunfisch in einem tiefen Teller mit der Gabel zerdrücken, mit Mayonnaise vermengen.

4 Toastscheiben mit der Mischung bestreichen. Die anderen 4 Toastscheiben mit Tapenade bestreichen und die Sandwichs damit schließen (die bestrichene Seite nach innen).

Brotrinde entfernen, jedes Sandwich zweimal diagonal durchschneiden, um 16 gleiche kleine Dreiecke zu erhalten.

Sofort servieren und genießen.

◂ Lachs und Kapern

Für 16 Tea Sandwichs
8 Scheiben Toastbrot
4 EL cremiger Frischkäse
2 EL Kapern, grob gehackt
2 Scheiben Räucherlachs, halbiert
frisch gemahlener Pfeffer

4 Toastscheiben mit dem Käse bestreichen. Kapern und Lachs darauf verteilen, pfeffern.

Die Sandwichs mit den übrigen Toastscheiben schließen, Brotrinde entfernen und jedes Sandwich zweimal diagonal durchschneiden, um 16 gleiche kleine Dreiecke zu erhalten.

Sofort servieren und genießen.

Räucherforellen-Mousse

Für 16 Tea Sandwichs
8 Scheiben Toastbrot
2 mittelgroße Räucherforellen oder 4 Räucherforellenfilets
50 g weiche Butter
6 EL Crème fraîche
Saft von 1–2 Zitronen
Salz, frisch gemahlener Pfeffer

Forellen häuten und entgräten, in einem tiefen Teller mit der Gabel zerdrücken. Mit Butter und Crème fraîche zu einer gleichmäßigen Masse verrühren. Zitronensaft hinzufügen. Salzen und pfeffern.

4 Toastscheiben mit der Forellenmousse bestreichen, mit den übrigen Toastscheiben schließen.

Brotrinde entfernen und jedes Sandwich zweimal diagonal durchschneiden, um 16 gleiche kleine Dreiecke zu erhalten.

Sofort servieren und genießen.

Geräucherte Bauchspeckröllchen

Für 32 Tea Sandwichs
(einige Tage vorher zubereiten)
8 Scheiben Toastbrot
125 g geräucherter Bauchspeck oder Pancetta in dünnen Scheiben
5 EL Petersilie, zerpflückt
4 EL Mayonnaise (s. S. 138)
1 TL Worcestersauce
1 Knoblauchzehe
2 EL weiche Butter

Geräucherten Bauchspeck in mehrere Lagen Küchenpapier einwickeln und in der Mikrowelle 2 Minuten auf hoher Stufe erhitzen, bis er kross ist. Oder in der Pfanne knusprig braten, anschließend auf Küchenpapier abtropfen lassen.

Bauchspeckscheiben zusammen mit der Petersilie im Mixer zerkleinern. Mayonnaise und Worcestersauce untermischen.

Knoblauch schälen und fein hacken und mit der Butter vermengen.

Jede Toastscheibe mit der Teigrolle flach rollen und mit der Butter-Knoblauch-Mischung bestreichen. Darauf 1 EL der Petersilie-Bauchspeck-Mischung geben.

Brotrinde abschneiden. Die Toastscheiben vorsichtig einrollen und jedes Röllchen mit Alufolie umwickeln.

Bis zum Verzehr einige Tage in die Kühltruhe legen.

Vor dem Servieren die Röllchen aus der Kühltruhe nehmen, Alufolie abziehen.

Jedes Röllchen in 4 Stücke schneiden und servieren (Auftauzeit 20–30 Minuten).

Schinken, Pecorino und Tomate ▸

Für 6 Appetithäppchen oder 2 Wraps
1 Tortilla (fertiges dünnes Fladenbrot)
5 TL Mayonnaise (s. S. 138)
2 Scheiben Kochschinken
50 g Pecorino, in dünne Scheiben gehobelt
3 Tomatenscheiben
1 kleine Hand voll Rucola

Tortilla nach Packungsanweisung im vorgeheizten Backofen oder einige Sekunden in der Mikrowelle erwärmen.

Die Tortilla mit Mayonnaise bestreichen. Eine Hälfte mit Schinken, Pecorino, Tomaten und Rucola belegen.

Vorsichtig von der belegten Seite her aufrollen.

Vor dem Servieren schräg in 2 große oder 6 kleine Stücke schneiden.

Pute und Schwarzbohnensauce

Für 8 Wraps oder 24 Appetithäppchen
(einige Stunden vorher zubereiten)
4 Tortillas
300 g schwarze Bohnen aus der Dose
1 große Tomate, in Würfel geschnitten
2 Chilischoten, gehackt
Saft von 1 grünen Zitrone
1 TL Chilipulver
1 reife Avocado, entkernt und geschält
2 EL Joghurt
Salz, frisch gemahlener Pfeffer
250 g Putenbrustfilet in dünnen Scheiben
150 g frischer Koriander, gehackt

Für die Schwarzbohnensauce: Bohnen abspülen und abtropfen lassen. In einer Schüssel mit Tomate, Chilischoten, der Hälfte des Zitronensaftes und Chilipulver vermischen.

Für das Avocadopüree: Avocado im Mixer mit restlichem Zitronensaft und Joghurt pürieren. Salzen und pfeffern.

Die Tortilla nach Packungsanweisung im vorgeheizten Backofen oder einige Sekunden in der Mikrowelle erwärmen, dann lässt sie sich besser rollen, anschließend dick mit Avocadopüree bestreichen. Eine Hälfte jedes Teigblattes mit Putenbrustfilet belegen, 2 EL Schwarzbohnensauce darauf geben, abschließend reichlich mit gehacktem Koriander bestreuen.

Tortillas von der belegten Seite her aufrollen. Jede Rolle einmal schräg durchschneiden, um 8 Sandwichrollen zu erhalten. Man kann auch jede Rolle in je 6 Stücke schneiden und erhält so 24 Häppchen.

Variante: Noch besser eignen sich dünne arabische Fladenbrote (Lavash) für die Zubereitung dieser Sandwichrollen; man bekommt sie im Spezialitätengeschäft. Das Putenbrustfilet lässt sich gut durch kalten Schweinebraten ersetzen.

Putenbrust und Gruyère

Für 6 Appetithäppchen oder 2 Wraps
1 Tortilla
1 EL körniger Senf
50 g Putenbrustfilet in dünnen Scheiben
50 g Gruyère (Greyerzer) in dünnen Scheiben
3 Tomatenscheiben
2 Blätter Kopfsalat

Tortilla nach Packungsanweisung im vorgeheizten Backofen oder einige Sekunden in der Mikrowelle erwärmen, anschließend mit Senf bestreichen. Eine Hälfte nacheinander mit Putenbrustfilet, Käse, Tomatenscheiben und Kopfsalat belegen.

Von der belegten Seite her aufrollen.

Vor dem Servieren schräg in 2 große oder in 6 kleine Stücke schneiden.

Geräucherter Bauchspeck, Tomate und Guacamole

Für 24 Appetithäppchen
4 Tortillas
3 Tomaten
1 EL Olivenöl
8 Scheiben geräucherter Bauchspeck oder Bacon
8 EL Guacamole (s. S. 129)
einige Blätter Kopfsalat

Grill anheizen.

Tomaten in Scheiben schneiden, mit Olivenöl beträufeln und 5 bis 7 Minuten grillen.

Bauchspeckscheiben in der Pfanne bei schwacher Hitze 3 Minuten von jeder Seite braten (sie dürfen nicht zu kross werden).

Tortilla nach Packungsanweisung im vorgeheizten Backofen oder einige Sekunden in der Mikrowelle erwärmen.

Eine Hälfte jedes Fladens reichlich mit Guacamole bestreichen. Mit gegrillten Tomaten belegen, Bauchspeckscheiben ein- bis zweimal durchbrechen und darauf geben, Kopfsalat auflegen. Tortillas von der belegten Seite her aufrollen. Jede Rolle schräg in 6 Stücke schneiden, um 24 Häppchen zu erhalten.

Lachs, Gurke und Kapern ▸

Für 6 Appetithäppchen oder 2 Wraps
1 Tortilla
1 EL weiche Butter
2 Scheiben Räucherlachs
1/2 Salatgurke, in dünne Scheiben geschnitten
1 EL Kapern
1 EL Dill, gehackt
frisch gemahlener Pfeffer

Tortilla nach Packungsanweisung im vorgeheizten Backofen oder einige Sekunden in der Mikrowelle erwärmen.

Den ganzen Fladen mit Butter bestreichen, anschließend eine Hälfte mit Lachs und Gurkenscheiben belegen. Mit Kapern und Dill bestreuen, etwas Pfeffer darüber mahlen.

Von der belegten Seite her aufrollen.

Vor dem Servieren zwei- oder sechsmal schräg durchschneiden.

Häppchen und Bruschette

Bruschetta

Für 2 Bruschette
1 Scheibe Landbrot, ca. 1 cm dick
1 Knoblauchzehe
2 TL Olivenöl
Salz, frisch gemahlener Pfeffer

Brotscheibe rösten oder toasten. Eine Seite mit der Knoblauchzehe einreiben, danach mit Olivenöl beträufeln. Salzen und pfeffern.

Vor dem Servieren halbieren.

In Italien heißen diese gerösteten Brotscheiben **BRUSCHETTE**. In ihrer einfachsten Form wird die Bruschetta mit Knoblauch eingerieben und mit Olivenöl beträufelt. Bei traditionellen Rezepten kommen noch Tomaten, Kräuter und Käse dazu. Das Brot (Landbrot, Sauerteigbrot, eventuell auch Ciabatta) muss von der besten Qualität sein; idealerweise röstet man es über dem offenen Feuer.

Bei den Rezepten in diesem Kapitel hängt die Zahl der Portionen von Art und Form des verwendeten Brotes sowie von der Dicke der Scheiben ab.

Bruschetta klassisch mit Tomate ▸

Für 4 Bruschette
2 Scheiben Landbrot
2 Knoblauchzehen
3–4 TL Olivenöl
Salz, frisch gemahlener Pfeffer
1 Tomate, geschält, entkernt und klein gewürfelt
etwas Oregano oder Basilikum

Brotscheiben rösten oder toasten. Auf einer Seite mit Knoblauch einreiben, dann mit Olivenöl beträufeln. Salzen und pfeffern.

Auf den Brotscheiben einige Teelöffel Tomatenwürfel verteilen. Mit Kräutern bestreuen, salzen und pfeffern, dann jede Bruschetta halbieren.

Sofort servieren.

Bruschetta mit Tomate und weißen Bohnen

Für 8 Bruschette
4 große Scheiben Landbrot
500 g Kirschtomaten
1 Knoblauchzehe, gehackt
425 g weiße Bohnen (Cannellini) aus der Dose
Salz, frisch gemahlener Pfeffer
4–5 EL Olivenöl
1 EL Weinessig
2–3 ganze Knoblauchzehen
8 Sardellenfilets (aus dem Glas oder der Dose)

Kirschtomaten einstechen, mit gehacktem Knoblauch vermischen. Salzen und pfeffern. Bei 225 °C (Gas Stufe 7–8) im vorgeheizten Backofen 15 Minuten garen.

Weiße Bohnen abtropfen, mit Salz und Pfeffer würzen, dann 2 EL Öl und den Essig hinzufügen. Die Bohnenmischung mit den gebackenen Tomaten vermengen (eventuell Tomatensaft abgießen).

Brotscheiben rösten oder toasten. Auf einer Seite mit den ganzen Knoblauchzehen einreiben, mit dem übrigen Olivenöl beträufeln. Salzen und pfeffern.

Jede Brotscheibe halbieren, um 8 Bruschette zu erhalten. Die Bohnen-Tomaten-Mischung auf dem gerösteten Brot verteilen und vor dem Servieren je 1 kleine Sardelle darauf geben.

◂ Bruschetta mit Pilzen und Schinken

Für 8 Bruschette
4 Scheiben Landbrot, ca. 1 cm dick
4 EL Olivenöl
250 g Steinpilze oder Champignons
Salz, frisch gemahlener Pfeffer
2–3 Knoblauchzehen
4 dünne Scheiben Parmaschinken oder anderer roher Schinken
einige Raspel Parmesan

Pilze mit feuchtem Küchenpapier putzen und in feine Scheiben schneiden.

2 EL Olivenöl in die Pfanne geben, Pilze einige Minuten anbraten. Salzen und pfeffern.

Brotscheiben im Toaster oder unter dem Backofengrill rösten. Wenn sie auf einer Seite leicht gebräunt sind, wenden.

Auf einer Seite mit Knoblauch einreiben, mit dem übrigen Olivenöl beträufeln.

Auf jede Brotscheibe nacheinander Pilze, Schinken und Parmesanraspel geben.

1 Minute unter dem Grill überbacken, bis der Käse leicht schmilzt.

Jede Bruschetta halbieren und sofort servieren.

Bruschetta mit gegrillten Zucchini

Für 8 Bruschette
4 Scheiben Landbrot
4 EL Olivenöl
1 EL Balsamessig
(Aceto Balsamico)
4–5 Knoblauchzehen
1 EL Pinienkerne
2 mittelgroße Zucchini, in 1 cm dicke Scheiben geschnitten
Salz, frisch gemahlener Pfeffer
8 Blättchen Basilikum

2 EL Öl, Essig, 2 Knoblauchzehen und Pinienkerne im Mixer pürieren. Die Mischung auf den Zucchinischeiben verteilen und 5 Minuten durchziehen lassen.

Marinierte Zucchini salzen und pfeffern und auf den Grill legen (man kann sie auch in der Pfanne braten).

Brotscheiben rösten oder toasten. Auf einer Seite mit den übrigen Knoblauchzehen einreiben, mit dem restlichen Olivenöl beträufeln.

Gegrillte Zucchini auf den vorbereiteten Brotscheiben verteilen, mit je 1 Blättchen Basilikum dekorieren.

Jede Bruschetta halbieren und sofort servieren.

Bruschetta mit Spargel und Schinken

Für 8 Bruschette
4 Scheiben Landbrot
250 g grüner Spargel
Salz, frisch gemahlener Pfeffer
4 EL Olivenöl
1 EL Weinessig
2–3 Knoblauchzehen
einige Blätter Rucola
4 Scheiben roher Schinken

Spargelstangen in einem Topf mit Wasser bedecken und kochen, bis sie weich sind (ca. 15 Minuten). Noch heiß mit Salz, Pfeffer, der Hälfte des Olivenöls und dem Essig würzen.

Brotscheiben rösten oder toasten. Auf einer Seite mit Knoblauch einreiben, mit dem restlichen Olivenöl beträufeln.

Alle Brotscheiben nacheinander mit Rucola, Spargel und einer auf die Größe des Brotes zugeschnittenen Scheibe Schinken belegen.

Jede Bruschetta halbieren und lauwarm servieren.

Bruschetta mit Auberginen

Für 8 Bruschette
4 Scheiben Landbrot
1 Aubergine (500 g)
1/2 EL grobes Salz
8 Sardellenfilets (aus dem Glas oder der Dose)
2 EL Kapern
2 EL Petersilie
1/2 EL Zitronensaft
2 EL Olivenöl
2–3 Knoblauchzehen
Salz, frisch gemahlener Pfeffer
225 g Büffelmozzarella in dünnen Scheiben

Aubergine ungeschält in 7 oder 8 Millimeter dicke Scheiben schneiden. Mit grobem Salz bestreuen, mindestens 1 Stunde ziehen lassen, dann mit Küchenpapier trocken tupfen.

Sardellenfilets, Kapern, Petersilie und Zitronensaft im Mixer pürieren.

Auberginenscheiben leicht mit der Hälfte des Öls beträufeln, dann unter den Backofengrill geben und von jeder Seite 3 bis 4 Minuten grillen, bis das Fleisch weich ist.

Brotscheiben rösten oder toasten. Auf einer Seite mit Knoblauch einreiben, mit dem restlichen Öl beträufeln. Salzen und pfeffern.

Die Hälfte des Sardellenpürees auf den Brotscheiben verteilen. Auberginenscheiben darauf legen, mit Mozzarella bedecken, restliches Sardellenpüree darüber streichen.

Unter dem Grill überbacken, bis der Käse zu schmelzen beginnt.

Jede Bruschetta halbieren und lauwarm servieren.

Bruschetta mit Broccio und schwarzen Oliven ▸

Für 12 Bruschette
6 Scheiben Landbrot
3–4 Knoblauchzehen
6 EL Olivenöl
Salz, frisch gemahlener Pfeffer
1 rote oder 1 gelbe Paprika oder 1/2 Paprika von jeder Farbe, geröstet
(s. S. 141)
2 EL entsteinte schwarze Oliven
200 g Broccio (korsischer Schafskäse)
2 EL Petersilie, gehackt
2 EL Schnittlauchröllchen
2 EL frischer Thymian oder Bohnenkraut

Brotscheiben rösten oder toasten. Auf einer Seite mit Knoblauch einreiben, mit Olivenöl beträufeln. Salzen und pfeffern.

Geröstete Paprika und Oliven fein würfeln.

Mit einem Holzlöffel den Käse und die übrigen Zutaten vermengen, bis eine gleichmäßige Creme entsteht. Salzen und pfeffern.

Die Brotscheiben mit der Käsecreme bestreichen.

Jede Bruschetta halbieren, kalt servieren.

Bruschetta mit Mozzarella, Knoblauch und gedünstetem Salat

Für 8 Bruschette
4 Scheiben Landbrot
2–3 ganze Knoblauchzehen
4 EL Olivenöl
250 g Rucola oder Spinatblätter
3 Knoblauchzehen, gehackt
1/2 TL grobes Salz
200 g Mozzarella in dünnen Scheiben

Brotscheiben rösten oder toasten. Auf einer Seite mit den ganzen Knoblauchzehen einreiben, mit der Hälfte des Öls beträufeln.

Vom Rucola oder Spinat die harten Blattadern entfernen, Blätter grob hacken. Restliches Öl in der Pfanne erhitzen, gehackten Knoblauch mit grobem Salz bei schwacher Hitze 5 Minuten dünsten. Rucola oder Spinat zugeben, mit einem Holzlöffel vorsichtig mischen, weitere 3 Minuten dünsten.

Flüssigkeit abgießen, gedünsteten Salat in eine Schüssel geben. Wenn er etwas abgekühlt ist, Mozzarella hinzufügen.

Auf jede der vorbereiteten Brotscheiben eine dicke Schicht von der Mischung häufen und vor dem Servieren halbieren.

Bruschetta mit Tomaten und Ricotta

Für 8 Bruschette
4 Scheiben Landbrot
2–3 Knoblauchzehen
5–6 EL Olivenöl
Salz, frisch gemahlener Pfeffer
1 TL Balsamessig
(Aceto balsamico)
3 Tomaten, geschält, entkernt und sehr fein gewürfelt
150 g Ricotta
einige Blättchen Basilikum, fein zerpflückt

Brotscheiben rösten oder toasten. Auf einer Seite mit Knoblauch einreiben, mit 2 EL Olivenöl beträufeln. Salzen und pfeffern.

Aus dem übrigen Öl, Essig sowie etwas Salz und Pfeffer eine Vinaigrette zubereiten. Über die Tomaten geben und durchziehen lassen.

Jede Bruschetta mit einer Schicht Ricotta bestreichen, eine Schicht Tomatensalat darauf häufen. Mit Basilikum bestreuen und eventuell etwas nachwürzen.

Vor dem Servieren halbieren.

Bruschetta mit Geflügelleber und Salbei

Für 8 Bruschette
4 Scheiben Landbrot
4 EL Pflanzenöl
1 kleine Zwiebel, in Ringe geschnitten
1 Knoblauchzehe, in dünne Scheiben geschnitten
200 g Geflügellebern
2 EL Salbeiblätter, fein zerpflückt
Salz, frisch gemahlener Pfeffer
2–3 ganze Knoblauchzehen
8 ganze kleine Salbeiblätter

Die Hälfte des Öls in einer großen Pfanne erhitzen, Zwiebelringe darin goldbraun rösten. Knoblauchscheiben und Geflügellebern zugeben und noch etwa 2 Minuten weiterbraten, bis die Lebern gar sind. Zerpflückten Salbei zufügen, salzen und pfeffern.

Die Geflügellebermischung in den Mixer geben und grob pürieren.

Brotscheiben rösten oder toasten, auf einer Seite mit den ganzen Knoblauchzehen einreiben, mit dem restlichen Öl beträufeln.

Auf jede der vorbereiteten Brotscheiben 3 TL von dem Geflügelleberpüree geben. Mit den ganzen Salbeiblättern garnieren.

Jede Bruschetta vor dem Servieren halbieren.

Bruschetta mit warmen Linsen und Entenstopfleber ▸

Für 10 Bruschette
1 kleines Vollkornweißbrot (10 Scheiben)
500 g grüne Linsen „Du Puy" aus biologischem Anbau
2 EL Weinessig
4 EL Olivenöl
2 Schalotten, gehackt
2 EL Schnittlauchröllchen
1 halb gare Entenstopfleber

Linsen in einem Topf mit Salzwasser bedecken, aufkochen und 20 bis 25 Minuten köcheln lassen. Wenn die Linsen gar sind, gut abtropfen lassen.

Aus Essig, Olivenöl, Schalotten und Schnittlauch eine Vinaigrette bereiten.

Vollkornweißbrot schräg in 10 Zentimeter dicke Scheiben schneiden. Brotscheiben rösten, die warmen Linsen und je 2 sehr dünne Scheiben Entenstopfleber darauf geben.

Bruschetta mit Sardinen

Für 12 Bruschette
6 dicke Scheiben Landbrot
2 geröstete rote Paprika (s. S. 141)
4 EL Basilikumpesto (s. S. 134)
6 frische Sardinenfilets
frisch gemahlener Pfeffer

Backofen auf 180 °C vorheizen (Gas Stufe 6).

Geröstete rote Paprika in Streifen schneiden.

Jede Brotscheibe reichlich mit Pesto bestreichen. Mit Paprikastreifen belegen, die halbierten Sardinen darauf geben (vorher sorgfältig die Mittelgräte entfernen). Etwas Pfeffer darüber mahlen.

Die Bruschette 10 bis 15 Minuten im Backofen überbacken (das Brot darf nicht zu dunkel werden), bis der Fisch gebräunt ist.

Jede Bruschetta halbieren und heiß servieren.

Bruschetta mit Sardellen und Ziegenfrischkäse

Für 8 Bruschette
4 Scheiben Landbrot
8 frische Sardellenfilets
Saft von 1 Zitrone
100 g Rucola
4 EL Olivenöl
1 EL Essig
Salz, frisch gemahlener Pfeffer
2–3 Knoblauchzehen
200 g Ziegenfrischkäse, fein zerdrückt

Sardellen 10 Minuten in Zitronensaft marinieren.

Rucola mit der Hälfte des Öls und dem Essig mischen. Salzen und pfeffern.

Brotscheiben rösten oder toasten, auf einer Seite mit Knoblauch einreiben, mit dem restlichen Öl beträufeln.

Die vorbereiteten Brotscheiben reichlich mit Ziegenfrischkäse bestreichen. Sardellen darauf geben und mit einigen Blättern Rucolasalat abschließen.

Jede Bruschetta vor dem Servieren halbieren.

Krebsfleisch und Sherry ▸

Für 8 Brote
1 Baguette, in Scheiben geschnitten
125 g cremiger Frischkäse
250 g Krebsfleisch, grob zerdrückt
1 EL Butter
1 Schalotte, fein gewürfelt
1/2 rote Paprika, gehackt
1/2 gelbe Paprika, gehackt
1 EL Sherry
1 TL Thymian
1 Prise Cayennepfeffer
1 EL Schnittlauchröllchen
Saft von 1/2 Zitrone
1 TL grobes Salz

Cremigen Frischkäse und Krebsfleisch mischen.

Butter in der Pfanne zerlassen. Schalotten und Paprika hinzufügen, bei schwacher Hitze etwa 5 Minuten dünsten. In eine Schüssel geben und abkühlen lassen.

Alle übrigen Zutaten zu der Frischkäse-Krebsfleisch-Mischung geben. Vermengen und eventuell nachwürzen.

Die Weißbrotscheiben rösten oder toasten und mit der Mischung bestreichen, kalt servieren.

Gehackter Rollmops

Für 3 Brote
3 Scheiben Roggenbrot
2 hart gekochte Eier
2 Rollmöpse
1/2 mittelgroße Zwiebel, gehackt
1 kleiner ungeschälter Apfel, ohne Kernhaus, geviertelt
1–2 Scheiben Weißbrot
1 EL Öl
1 TL Streuzucker (nach Belieben)

Hart gekochte Eier schälen, Eigelbe herausnehmen.

Rollmöpse gut abtropfen lassen, Flüssigkeit beiseite stellen; die Holzspießchen aus den Fischen entfernen. Rollmöpse mehrmals mit kaltem Wasser abspülen, dann zusammen mit der halben Zwiebel, den Apfelstücken, den Eiweißen und 1 Eigelb in den Mixer geben und alles fein hacken.

Weißbrot entrinden, das Innere in der Rollmopsflüssigkeit einweichen. Ausdrücken, in den Mixer geben und mit der Rollmopsmischung vermixen. Öl hinzufügen, um eine glatte Masse zu erhalten. Falls die Mischung zu sauer ist, noch etwas Weißbrotinneres und den Zucker zugeben.

Roggenbrotscheiben mit der Mischung bestreichen.

Das restliche Eigelb vor dem Servieren über die Brotscheiben bröckeln.

Marinierter Wolfsbarsch

Für 6 Brote
6 große Scheiben Landbrot
300 g Wolfsbarschfilets, in dünne Streifen geschnitten
Saft von 1 grünen Zitrone
1 Chilischote, entkernt und in dünne Ringe geschnitten
3 weiße Zwiebeln, gehackt
2 Zweige Dill, gehackt
3 Tomaten
Salz, frisch gemahlener Pfeffer
einige Tropfen Olivenöl

Für die Marinade: Fischfiletstreifen mit dem Saft der grünen Zitrone beträufeln, Chiliringe, Zwiebelstücke und Dill darauf geben. Alles mit Klarsichtfolie abdecken, 1 Stunde kühl stellen und marinieren.

1 Tomate halbieren und die Brotscheiben damit einreiben, sodass sie mit Fruchtfleisch getränkt sind. Brotscheiben anschließend mit Salz und Pfeffer würzen, mit einigen Tropfen Olivenöl beträufeln.

Die anderen beiden Tomaten in dünne Scheiben schneiden.

Wolfsbarschfiletstreifen aus der Folie nehmen, abtropfen lassen und eventuell nachwürzen. Abwechselnd mit den Tomatenscheiben auf das Brot legen.

Sofort servieren.

Hummer und Avocado

Für 2 Brote
2 Scheiben Sauerteigbrot oder Landbrot
1 Avocado, entkernt und geschält
1 1/2 TL Zwiebelwürfel
1 TL Zitronensaft
Salz, frisch gemahlener Pfeffer
einige Blätter Feldsalat
100 g Hummerfleisch, in Stücke geschnitten

Avocadofleisch zerdrücken, mit Zwiebelwürfeln und Zitronensaft vermengen. Salzen und pfeffern. Brotscheiben mit dem Avocadopüree bestreichen, mit Feldsalat belegen.

Hummerfleischstücke darauf verteilen und sofort servieren.

Variante: Ebenso köstlich schmecken diese Brote mit Scampi oder Shrimps. Vor dem Belegen kann man die Brotscheiben auch rösten.

Eier, halbweich

Für 4 Brote
4 Scheiben Landbrot, geröstet
1 Schalotte
500 g reife Tomaten
2 EL Olivenöl
1 Anisstern
einige Thymianzweige
1 Lorbeerblatt
Salz, frisch gemahlener Pfeffer
8 sehr frische Eier
200 g Rucola
etwas Fleur de Sel
(feines Meersalz)

Schalotte schälen und fein hacken. Tomaten schälen, entkernen und hacken.

1 EL Olivenöl in der Pfanne erhitzen, Schalotte darin 10 Minuten bei milder Hitze glasig dünsten. Tomaten, Anisstern, Thymian und Lorbeerblatt zugeben und das Ganze köcheln lassen, bis die Flüssigkeit verdampft ist. Anisstern, Thymian und Lorbeerblatt wieder entfernen, salzen und pfeffern.

Eier 4 Minuten in Salzwasser kochen, abschrecken und schälen.

Restliches Öl in der Pfanne erhitzen, Rucolablätter darin 2 Minuten dünsten.

Die Tomatensauce auf die Brotscheiben geben, gedünsteten Rucola darauf verteilen.

Die geschälten Eier zum Erwärmen 30 Sekunden in kochendes Wasser tauchen.

Je 2 Eier auf 1 Brotscheibe geben, mit Fleur de Sel bestreuen.

Pfeffern und sofort servieren.

Variante: Statt Rucola kann man auch klein geschnittene Mangoldblätter verwenden, die man 4 bis 5 Minuten dünstet.

Gehackte Geflügelleber

Für 3 Brote
3 Scheiben Roggenbrot
100 g Geflügellebern
1 EL Geflügelschmalz
1 Zwiebel
1 hart gekochtes Ei
Salz, frisch gemahlener Pfeffer
einige saure Gurken

Geflügelschmalz in der Pfanne erhitzen, Lebern darin rundherum anbraten. Aus der Pfanne nehmen.

Zwiebel in dünne Ringe schneiden, in der Pfanne mit dem Geflügelschmalz glasig dünsten.

Auf Küchenpapier abtropfen lassen, dann zusammen mit dem hart gekochten Ei und den Geflügellebern im Mixer grob pürieren. Die Mischung salzen und pfeffern.

Brotscheiben rösten und mit dem Geflügelleberpüree bestreichen.

Vor dem Servieren eventuell halbieren, mit sauren Gurken garnieren.

Variante: Dieses Rezept kann man zusätzlich verfeinern, indem man einige Blätter Sellerie oder Liebstöckel unter die Geflügellebermischung gibt.

Steinpilze

Für 10 Brote
10 Scheiben Landbrot mit 10 cm Durchmesser
800 g frische Steinpilze
Salz, frisch gemahlener Pfeffer
2 EL Olivenöl
2 Knoblauchzehen

Backofen auf 220 °C vorheizen (Gas Stufe 7–8).

Die Steinpilze mit einem feuchten Küchenpapier säubern und die Stiele entfernen. Die Unterseite der Kappen salzen und pfeffern, mit etwas Olivenöl beträufeln. Pilze auf das Backblech legen und einige Minuten backen, bis sie gut durch sind.

Restliches Olivenöl in der Pfanne erhitzen. Wenn es heiß ist, Brotscheiben nacheinander hineingeben und bei mittlerer Hitze goldbraun rösten.

Anschließend die Brotscheiben mit den Knoblauchzehen einreiben und die gebackenen Steinpilzkappen mit der Unterseite nach unten darauf legen.

Lauwarm genießen.

Zwiebel-Oliven-Fondue

Für 8 Brote
8 Scheiben Sauerteigbrot, geröstet
1 kg große milde Zwiebeln
4 EL Olivenöl
2 EL Sardellenpaste
1 Hand voll frischer Thymianblätter (oder 2 TL getrockneter Thymian)
4 EL schwarze Oliven, entsteint und abgetropft
Salz, frisch gemahlener Pfeffer
3 EL Tapenade (s. S. 130)
3 EL Basilikum, fein zerpflückt

Zwiebeln schälen, im Mixer zerkleinern.

1 EL Öl in der Pfanne erhitzen, Sardellenpaste darin schmelzen, Zwiebelstücke, Thymian und restliches Öl hinzufügen.

Bei schwacher Hitze 40 Minuten weiterbraten, bis die Zwiebeln fast zerfallen sind.

Vom Herd nehmen, schwarze Oliven untermischen. Salzen und pfeffern.

Brotscheiben mit Tapenade bestreichen, Zwiebel-Oliven-Fondue darauf verteilen.

Die Brote vor dem Servieren mit Basilikumblättchen bestreuen.

Feigen und Brie ▸

Für 2 Brote
2 Scheiben Vollkornknäckebrot
1 EL Butter
2 Blätter Radicchio
6 Scheiben Brie ohne Rinde
2 frische Feigen, geviertelt
Saft von 1 grünen Zitrone

Knäckebrot mit Butter bestreichen, je mit 1 Salatblatt belegen. Briescheiben darauf geben, leicht andrücken.

Feigen mit Zitronensaft beträufeln, vorsichtig auf den Brie setzen.

Sofort servieren.

Ziegenkäse und Rosinen

Für 4 Brote
4 Scheiben festes Weißbrot, geröstet
4 EL selbst gemachtes Ketchup (s. S. 136)
80–100 g frischer Ziegenkäse
1 Hand voll Rosinen
frisch gemahlener Pfeffer

Brotscheiben mit Ketchup bestreichen. Käse in Scheiben schneiden, Brotscheiben damit belegen. Mit Rosinen bestreuen, etwas Pfeffer darüber mahlen.

Die belegten Brote 1 bis 1 1/2 Minuten in der Mikrowelle oder 5 Minuten im Backofen erhitzen (im Backofen sorgfältig mit Alufolie abdecken, damit die Rosinen nicht verbrennen).

Sofort servieren.

◂ Ziegenkäse und Birne

Für 4 Brote
4 Scheiben Sauerteigbrot, geröstet
80–100 g Ziegenfrischkäse
1 reife Birne, in dünne Scheiben geschnitten
eine Hand voll Pinienkerne
eine Hand voll Rosinen
frisch gemahlener Pfeffer

Brotscheiben mit Käse bestreichen, Birnenscheiben darauf anordnen.

Mit Pinienkernen und Rosinen bestreuen, über jede Brotscheibe etwas Pfeffer mahlen.

Die belegten Brote 1 bis 1 1/2 Minuten in der Mikrowelle bei mittlerer Stufe oder 5 Minuten im Backofen erhitzen (im Backofen sorgfältig mit Alufolie abdecken, damit die Rosinen nicht verbrennen).

Sofort servieren.

Variante: die Birne in Glühwein gar ziehen lassen, bevor man sie in Scheiben schneidet.

Époisses und Tomate

Für 4 Brote
4 Scheiben Sauerteigbrot, geröstet
8 Tomatenscheiben, geschält
8 Scheiben Époisses
einige frische Zwiebelringe
frisch gemahlener Pfeffer

Tomatenscheiben auf dem Brot verteilen, Époisses und Zwiebelringe darauf geben. Über jede Brotscheibe etwas Pfeffer mahlen.

Die belegten Brote 1 bis 1 1/2 Minuten in der Mikrowelle oder 5 Minuten im vorgeheizten Backofen (180 °C, Gas Stufe 6) erwärmen.

Sofort servieren.

Köstliches aus Resten

RESTE sind naturgemäß sehr verschiedenartig. Genau das macht sie so interessant: Man kann fast unendlich variieren und immer wieder neue und originelle Kombinationen erfinden. Und wenn plötzlich Freunde auftauchen, kann man das Gericht „verlängern", indem man noch ein Ei hinzufügt oder eine Scheibe Schinken, ein paar Löffel Chutney, chinesischen Senf usw.

Roastbeef ▸

Für 1 Sandwich
2 Scheiben Roggenbrot (evtl. geröstet)
1/2 TL Meerrettichpaste oder geriebenen Meerrettich
2 sehr dünne Scheiben kaltes Roastbeef
3 Zwiebelringe (nach Belieben)
Salz, frisch gemahlener Pfeffer
einige saure Gurken

Beide Brotscheiben mit Meerrettich bestreichen. 1 Scheibe mit Roastbeef belegen, nach Belieben Zwiebelringe darauf geben.

Salzen und pfeffern, dann die andere Brotscheibe auflegen.

Halbieren und mit einigen sauren Gurken servieren.

Variante: Anstelle von Meerrettich kann man die gleiche Menge Senf mit grünem Pfeffer verwenden.

Rinderbraten

Für 1 Sandwich
2 Scheiben Roggenbrot (evtl. geröstet)
2 TL Mayonnaise (s. S. 138)
1 dünne Scheibe Rinderbraten oder einige zerkleinerte Stücke Gulasch
1 EL Ketchup (s. S. 136), Senf oder Zucchinirelish (s. S. 141)
Salz, frisch gemahlener Pfeffer

Beide Brotscheiben mit Mayonnaise bestreichen. 1 Scheibe mit Fleisch belegen.

Nach Geschmack mit Ketchup, Senf oder Relish bestreichen. Eventuell salzen und pfeffern.

Sandwich schließen und halbieren.

Ob als Braten oder als Gulasch: Aus **RINDFLEISCH** kann man köstliche Sandwichs zubereiten.

Sandwichs, Fingerfood & Canapés

◂ Hackbraten

Für 1 Sandwich
2 Scheiben Roggenbrot
1 EL Mayonnaise (s. S. 138)
1 dicke Scheibe Hackbraten
1 EL selbst gemachtes Ketchup
(s. S. 136) oder eine andere Sauce
Salz, frisch gemahlener Pfeffer
Für den Hackbraten:
(etwa 10 Scheiben)
2 Eier
50 g Semmelbrösel
1 TL Trockenhefe
1 TL Sonnenblumen-, Traubenkern-
oder Erdnussöl
1 EL Zwiebelwürfel
1 grüne Paprika, gehackt
750 g Rinderhackfleisch
250 g Schweinehackfleisch
6 Basilikumblättchen, fein
zerpflückt
1 große Hand voll Petersilie,
zerpflückt
Salz, frisch gemahlener Pfeffer

Für den Hackbraten: Backofen auf 150 bis 170 °C (Gas Stufe 5–6) vorheizen. Eier in einer großen Schüssel aufschlagen. Semmelbrösel und Hefe hinzufügen, beiseite stellen.

Öl in der Pfanne erhitzen, Zwiebel- und Paprikastückchen darin andünsten. Zusammen mit dem Hack, den zerpflückten Kräutern, dem Salz und dem Pfeffer zu der Eier-Semmelbrösel-Mischung geben. Gut durchkneten.

Den Teig zu einem Laib formen und in eine feuerfeste Form geben. Im Backofen etwa 1 Stunde backen, dabei darauf achten, dass der Hackbraten nicht zu sehr austrocknet.

Für das Sandwich: beide Brotscheiben mit Mayonnaise bestreichen. 1 Scheibe mit einer Scheibe kaltem Hackbraten belegen.

Mit Ketchup oder einer anderen Sauce bestreichen, salzen und pfeffern.

Das Sandwich schließen und vor dem Servieren halbieren.

*Kalter Hackbraten vom Vortag, mit Ketchup verfeinert und zwischen 2 Scheiben Roggenbrot als Sandwich serviert, ist eine Köstlichkeit. Fast lohnt es sich, einen **HACKBRATEN** zu machen, nur um in den Genuss der Reste zu kommen.*

Pute und Apfelsenf

Für 1 Sandwich
2 Scheiben Roggenbrot oder
Schwarzbrot
100–150 g kalter Putenbraten
2 EL Apfelsenf (s. S. 135)
Salz, frisch gemahlener Pfeffer

Putenfleisch in dünne Scheiben schneiden. Brot mit Senf bestreichen, eine der beiden Scheiben mit Putenfleisch belegen.

Reichlich salzen und pfeffern, dann das Sandwich schließen.

Sofort servieren und genießen.

Entenbrust und hausgemachte Pickles

Für 2 Brote
2 Scheiben Sauerteigbrot, geröstet
2 TL Senf
3 EL Pickles (s. S. 138)
6–8 dünne Scheiben Entenbrustfilet
Salz, frisch gemahlener Pfeffer

Brotscheiben dünn mit Senf bestreichen, Pickles darauf geben.

Beide Scheiben mit Entenbrustfilet belegen, salzen und pfeffern.

Sofort servieren und genießen.

Variante: Statt der Pickles kann man die gleiche Menge Zucchinirelish verwenden (s. S. 141).

Schinkenwürfel

Für 2 Sandwichs
2 Ciabattabrötchen
2 EL Zwiebelwürfel
2 EL selbst gemachtes Ketchup (s. S. 136)
2 EL grüne Paprika, gehackt
2 EL saure Gurken, gehackt
100 g geriebener Käse (Gouda, Cheddar)
100 g gekochter Schinken, fein gewürfelt
Salz, frisch gemahlener Pfeffer

Alle Zutaten in einer großen Schüssel vermischen.

Abschmecken und eventuell nachwürzen, die Ciabattabrötchen mit der Mischung füllen.

Sofort servieren.

Omelett oder Rührei ▸

Für 1 Sandwich
2 Scheiben Sauerteigbrot oder Toastbrot (getoastet)
1 EL Butter
1 EL Ketchup (s. S. 136), Tomatenchutney (s. S. 132) oder Zucchinirelish (s. S. 141)
Reste von einem Omelett oder Rühreiern
Salz, frisch gemahlener Pfeffer

Beide Brotscheiben mit Butter bestreichen. Anschließend Ketchup, Chutney oder Relish darauf verteilen.

1 Scheibe mit Omelett oder Rührei belegen, salzen und pfeffern.

Das Sandwich mit der anderen Brotscheibe schließen (die bestrichene Seite nach innen).

Vor dem Servieren halbieren.

Kalter Fisch, Meerrettich und Kapern

Für 4 Sandwichs
4 Pitabrote
300 g gegarter Fisch, erkaltet
4 EL Sellerieblätter oder Suppengrün, fein gehackt
1 EL Meerrettich
2 EL Kapern
Salz, frisch gemahlener Pfeffer
2 EL Mayonnaise (s. S. 138)

Fisch mit der Gabel zerdrücken, Sellerieblätter, Meerrettich und Kapern zugeben. Salzen und pfeffern, gut vermengen. Abschmecken und gegebenenfalls nachwürzen.

Die Pitabrote aufschneiden und innen mit Mayonnaise ausstreichen.

Mit der Fischmischung füllen und sofort servieren.

Kalter Fisch und Paprika

Für 4 Sandwichs
4 Ciabattabrötchen
1/2 grüne Paprika, in dünne Streifen geschnitten
1/2 orange, gelbe oder rote Paprika, in dünne Streifen geschnitten
2 weiße Zwiebeln, in dünne Ringe geschnitten
1 EL Olivenöl
300 g gegarter Fisch, erkaltet
2 EL Mayonnaise (s. S. 138)
Saft von 1 Zitrone
5 EL Petersilie, gehackt
Meersalz mit Kräutern und Gewürzen
frisch gemahlener Pfeffer
2 EL Butter

Olivenöl in der Pfanne erhitzen, Paprikastreifen und Zwiebelringe zugeben und weich dünsten.

Fisch mit der Gabel zerdrücken, Mayonnaise, Zitronensaft und Petersilie hinzufügen. Salzen, pfeffern und gut vermengen. Abschmecken und gegebenenfalls nachwürzen.

Ciabattabrötchen aufschneiden und die Innenseiten mit Butter bestreichen.

Die 4 Ciabattabrötchen mit dem Fisch sowie mit der Paprika-Zwiebel-Mischung füllen, schließen und sofort servieren.

Variante: Anstelle von Butter lässt sich auch Chiliketchup verwenden (s. S. 136).

Kalter Fisch und Relish ▸

Für 5 Brote
5 Scheiben Schwarzbrot, geröstet
300 g gegarter Fisch, erkaltet
5 EL Dill, gehackt
3–4 EL Zucchinirelish (s. S. 141)
2 weiße Zwiebeln, in ganz dünne Ringe geschnitten
frisch gemahlener Pfeffer

Fisch mit der Gabel zerdrücken. Dill, Zucchinirelish und Zwiebelringe hinzufügen. Pfeffern, gut vermengen und eventuell nachwürzen.

Die Brotscheiben mit der Fischzubereitung bestreichen und sofort servieren.

Variante: Das Zucchinirelish kann man durch die gleiche Menge Tomatenchutney ersetzen (s. S. 132).

Brotaufstriche und würzige Beigaben

BROTAUFSTRICHE: Die Rezepte in diesem Kapitel sind ideal für Partys. Streichen Sie die Brotaufstriche zum Servieren dick auf Toastscheiben oder geröstetes Sauerteigbrot, Cracker oder Vollkornknäckebrot. Oder bieten Sie sie in kleinen Schüsseln neben einem Korb mit verschiedenen Brotsorten an; dann können Ihre Gäste ganz nach Belieben ihre Brote selbst zusammenstellen.

Blauschimmelkäse mit weißen Zwiebeln ▸

Für 4 Brote
125 g Blauschimmelkäse
75 g Frischkäse
500 ml Crème fraîche
1 Zwiebel, sehr fein gehackt
1/2 TL Currypulver
Salz, frisch gemahlener Pfeffer

Blauschimmelkäse mit der Gabel zerdrücken. Frischkäse eventuell abtropfen lassen, zusammen mit der Crème fraîche und den Zwiebelstückchen unter den Blauschimmelkäse mischen.

Currypulver hinzufügen und abschmecken.

Brot Ihrer Wahl mit der Mischung bestreichen und sofort servieren.

Gemischter Frischkäse mit Kräutern

Für 4–6 Brote
200 g Speisequark oder Ricotta
100 g Ziegenfrischkäse
1 Knoblauchzehe, gehackt
1 Prise Cayennepfeffer
Salz, frisch gemahlener Pfeffer
1 Hand voll frische Kräuter
(Liebstöckel, Oregano, Basilikum, Estragon, Schnittlauch, Kerbel)

Käsesorten zusammen mit Knoblauch und Cayennepfeffer vermengen. Salzen, pfeffern und gehackte Kräuter hinzufügen. Abschmecken und eventuell nachwürzen.

Brot Ihrer Wahl mit einer dicken Schicht Käsezubereitung bestreichen und sofort genießen.

Caponata

Für 20–30 Canapés
2 EL Kapern
8 Sardellenfilets
3–4 EL Olivenöl
1 Aubergine (500 g), fein gewürfelt
1/2 mittelgroße rote Paprika, fein gewürfelt
1/2 mittelgroße grüne Paprika, fein gewürfelt
1 mittelgroße Zwiebel, grob gehackt
2 EL Knoblauch, gehackt
1 EL brauner Zucker
500 ml Rotweinessig
125 ml Tomatenpüree
1 Hand voll Basilikumblättchen, zerpflückt
1 EL Oregano, zerpflückt
Salz, frisch gemahlener Pfeffer

Die Hälfte der Kapern hacken und bis zur Verwendung beiseite stellen.

Sardellenfilets in Stücke schneiden und ebenfalls beiseite stellen.

Die Hälfte des Olivenöls in der Pfanne erhitzen, Auberginenwürfel darin 10 bis 15 Minuten braten, bis sie gut durch sind.

Restliches Olivenöl in einer zweiten Pfanne erhitzen, Paprikawürfel darin 10 bis 15 Minuten braten, bis sie gut durch sind. Das Gemüse in einer Pfanne zusammenschütten.

In der freien Pfanne Zwiebel und Knoblauch dünsten. Braunen Zucker und Rotweinessig hinzufügen, einige Minuten köcheln lassen, Tomatenpüree und gehackte Kapern zugeben.

Die Sauce 12 bis 15 Minuten eindicken lassen.

Tomatensauce über die Auberginen und Paprika geben. Ganze Kapern, Sardellen und Kräuter hinzufügen.

Gut vermischen. Gegebenenfalls salzen und pfeffern.

Kleine Brotscheiben Ihrer Wahl mit Caponata bestreichen und sofort genießen.

◂ Salsa

Für etwa 20 Canapés
2 Tomaten, grob gestückelt
1 mittelgroße rote Paprika, fein gewürfelt
1 mittelgroße Zwiebel, grob gehackt
1 Chilischote, in dünne Streifen geschnitten
1 große Hand voll frischer Koriander, gehackt
Salz, frisch gemahlener Pfeffer

Alle Zutaten in einer Schüssel vermischen und mindestens 20 Minuten durchziehen lassen.

Kleine Toasts oder Sandwichs mit der Salsa bestreichen und sofort genießen.

Auberginenkaviar

Für etwa 20 Canapés
1 Aubergine (500 g)
2 TL Knoblauch, gehackt
1 kleine Zwiebel, gehackt
3 EL Petersilie, gehackt
Salz, frisch gemahlener Pfeffer
1 EL Olivenöl
Saft von 1 Zitrone
einige schwarze Oliven

Aubergine im Ganzen im vorgeheizten Backofen bei 180 °C (Gas Stufe 6) 20 bis 25 Minuten backen, bis die Haut schwarz und das Fruchtfleisch weich ist (alternativ in der Mikrowelle 7 Minuten auf höchster Stufe).

Aubergine aufschneiden, das Fleisch herausschaben und auf einem Sieb gründlich abtropfen lassen.

Knoblauch, Zwiebel, Petersilie und Auberginenfruchtfleisch im Mixer pürieren. Salzen, pfeffern, Olivenöl und Zitronensaft zugeben. Abschmecken und eventuell noch etwas Zitronensaft hinzufügen.

Die Mischung bis zur Verwendung kühl stellen (Auberginenkaviar hält sich im Kühlschrank bis zu 5 Tage).

Kleine Brotscheiben Ihrer Wahl damit bestreichen und mit einigen schwarzen Oliven garniert servieren.

Guacamole ▲

Für etwa 32 Canapés
Fruchtfleisch von 2 Avocados
1 Tomate, geschält, entkernt und gehackt
1 EL Zwiebelwürfel (oder fein gehackte Lauchzwiebel)
1 Knoblauchzehe, gehackt
1/2 TL Chilipulver
1/2 TL Koriander, gehackt
3 TL Zitronensaft
Salz, frisch gemahlener Pfeffer

Avocadofruchtfleisch mit der Gabel zerdrücken. Die übrigen Zutaten dazugeben. Vermengen und nach Geschmack nachwürzen.

Kleine Toasts mit Guacamole bestreichen und sofort genießen.

Hummus

Für etwa 20 Canapés
425 g Kichererbsen aus der Dose
3 Knoblauchzehen
250 ml Tahina (Sesampaste)
Saft von 2 Zitronen
einige Tropfen Tabasco
Salz
3 EL Olivenöl

Kichererbsen zusammen mit der Flüssigkeit in den Mixer geben, geschälte Knoblauchzehen und Tahina zugeben und pürieren.

Zitronensaft und Tabasco unter das Püree mischen. Salzen, Olivenöl zugeben und das Ganze zu einer gleichmäßig cremigen dickflüssigen Masse verrühren.

Kleine Toasts mit Hummus bestreichen, sofort genießen.

WÜRZIGES: Die würzigen Saucen und Beilagen in diesem Kapitel (Chutneys, Pesto, Mayonnaise, Ketchup usw.) sind für die Zubereitung köstlicher Sandwichs unverzichtbar.

Anchoiade ▸

Für 1 Glas (250 ml)
200 g in Salz eingelegte Sardellenfilets (aus dem Glas oder der Dose)
2 Knoblauchzehen, geschält
frisch gemahlener Pfeffer
1 TL Essig
150 ml Olivenöl

Die Sardellen gut abspülen und gegebenenfalls Gräten entfernen.

Sardellen im Mörser zerkleinern. Knoblauch, Pfeffer und Essig hinzufügen.

Olivenöl langsam zugießen und die Mischung cremig aufschlagen (auch mit dem Mixer oder Rührgerät möglich).

Anchoiade ist im Kühlschrank mit Olivenöl bedeckt gut 1 Monat haltbar.

Tapenade

Für 1 Glas (450 ml)
300 g schwarze Oliven aus der Provence, entkernt
1 Knoblauchzehe, geschält
1 Bund Petersilie
4 Sardellenfilets (aus dem Glas oder der Dose)
2 EL Olivenöl

Oliven, Knoblauch, Petersilie und Sardellenfilets im Mixer grob zerkleinern. In eine Schüssel geben, Olivenöl zugeben und zu einer gleichmäßigen Masse verrühren.

Tapenade ist im Kühlschrank 2 Wochen haltbar.

Knoblauchpüree

Für 1 Glas (200 ml)
1 Knoblauchknolle
1 EL Olivenöl

Backofen auf 160 °C (Gas Stufe 5–6) vorheizen.

Knoblauchknolle in Zehen teilen, Zehen ungeschält auf ein Stück Alufolie setzen. 1 EL Olivenöl darüber geben, dann zu einem Päckchen verschließen und für 40 bis 50 Minuten in den Backofen geben.

Knoblauchzehen aus der Alufolie nehmen und in eine Schüssel pressen.

Auf diese Weise hergestelltes Knoblauchpüree ist im Kühlschrank luftdicht verschlossen 2 bis 3 Wochen haltbar.

Tomatenchutney

Für 4 Gläser (je 500 ml)
1 kg reife Tomaten
1 Stange Staudensellerie
1 kleine rote Paprika
1 kleine grüne Paprika
400 g Zwiebeln
1 kg säuerliche Äpfel
400 ml Apfelessig
100 g Streuzucker
1 EL grobes Salz
170 g Rosinen

Tomaten ca. 10 Sekunden in kochendes Wasser tauchen, schälen und bis zur Weiterverwendung abtropfen lassen.

Währenddessen Gemüse und Äpfel vorbereiten: Sellerie, Paprika und Zwiebeln hacken. Äpfel schälen, Kerngehäuse entfernen, vierteln, jedes Viertel nochmals halbieren oder vierteln.

Gemüse und Äpfel zusammen mit den Tomaten, Essig, Zucker und Salz in einen großen Kochtopf geben. Bei mittlerer Hitze zum Kochen bringen, dabei immer wieder umrühren, damit die Mischung nicht am Topfboden anhaftet.

Köcheln lassen, bis das Chutney dickflüssig wird und glänzt. Wenn es gut eingedickt ist, Rosinen zugeben. Weitere 20 Minuten unter ständigem Rühren köcheln lassen, damit die Masse nicht anbrennt.

Alles in saubere Gläser füllen, luftdicht verschließen.

Fertiges Chutney ist mehrere Jahre haltbar.

Tomatenchutney mit Ingwer ▸

Für 4 Gläser (je 500 ml)
2 kg reife Tomaten
150 g kandierter Ingwer
6 Knoblauchzehen, geschält
250 ml Apfelessig
150 g Rosinen
200 g brauner Zucker
2 EL Salz
1/2 TL Szechuanpfeffer

Tomaten ca. 10 Sekunden in kochendes Wasser tauchen, schälen und achteln.

Ingwer und Knoblauch sehr fein schneiden.

Essig in einem großen Topf zum Kochen bringen, alle übrige Zutaten hinzufügen. 1 1/2 Stunden köcheln lassen, bis die Sauce eindickt; dabei immer wieder umrühren, damit sie nicht am Topfboden anhaftet.

Alles in saubere Gläser füllen und luftdicht verschließen.

Fertiges Chutney ist mehrere Jahre haltbar.

Pesto

Für 3 Gläser (je 500 ml)
2 Bund Basilikum
3 EL Pinienkerne
1 große Knoblauchzehe, geschält
3 EL Parmesan, gerieben
80–100 ml Olivenöl
Salz, frisch gemahlener Pfeffer

Alle Zutaten 20 Sekunden im Mixer pürieren, bis eine gleichmäßige dickflüssige Sauce entsteht. Abschmecken und gegebenenfalls nachwürzen.

Pesto ist im Glas und mit etwas Öl bedeckt mindestens 2 Wochen haltbar.

Basilikumöl

Für 1 Glas (250 ml)
2 Bund Basilikum (ca. 100 g)
1 Knoblauchzehe, geschält
250 ml Olivenöl

Basilikum und Knoblauch im Mörser zerstampfen. Olivenöl darauf geben, zu einer glatten Masse vermengen.

Alles in ausgekochte Gläser füllen und luftdicht verschließen.

Basilikumöl ist mehrere Wochen haltbar.

Würziges

Apfelsenf

Für 1 Glas (450 ml)
1 EL scharfer Senf
2 EL Olivenöl
250 g säuerliche Äpfel, geschält, entkernt und in Stücke geschnitten
1/2 TL Paprikapulver
1/2 TL Salz
Saft von 1/2 Zitrone
2 TL Apfelessig

Senf im Mixer mit Öl vermengen. Alle übrigen Zutaten hinzufügen und zu einer gleichmäßigen glatten Sauce vermixen.

Abschmecken und gegebenenfalls nachwürzen.

Apfelsenf ist im Kühlschrank 1 Monat haltbar.

Chinesischer Senf

Für 1 Glas (450 ml)
Saft von 1 Zitrone
1 EL scharfer Senf
60 ml weißer Essig
einige Tropfen Sojasauce
2 Sardellenfilets (aus dem Glas oder der Dose)
2 Knoblauchzehen, geschält
2 frische Eigelbe
250 ml Olivenöl

Zitronensaft, Senf, Essig, Sojasauce, Sardellen, Knoblauch und Eigelbe mit dem Mixer verrühren. Öl in dünnem Strahl zugießen und dabei weiterrühren, bis die Mischung eine mayonnaiseartige Konsistenz hat.

Chinesischer Senf ist im Kühlschrank mehrere Monate haltbar.

Ketchup

Für 3 Gläser (je 250 ml)
2 kg reife Tomaten
4 Knoblauchzehen
1 Zwiebel
1 rote oder grüne Paprika
1 TL Pfefferkörner
15 Pimentkörner
10 Gewürznelken
100 ml Apfelessig
50 g brauner Zucker
1/2 Zimtstange
4 TL Salz
1 TL Selleriesamen
2 TL Paprikapulver
1 große Prise Cayennepfeffer

Tomaten ca. 10 Sekunden in kochendes Wasser tauchen, schälen, in einen großen Kochtopf geben und 10 bis 15 Minuten bei mittlerer Hitze kochen lassen, bis der Tomatensaft austritt. Auf einem Sieb abtropfen lassen (Tomatensaft eventuell für eine Suppe weiterverwenden).

Knoblauch, Zwiebel und Paprika grob hacken. In einen großen Kochtopf geben, abgetropfte Tomaten hinzufügen und bei mittlerer Hitze einkochen lassen; die Kochzeit hängt von den Tomaten ab.

Pimentkörner, Pfefferkörner und Gewürznelken mischen, in ein Mullsäckchen oder Tee-Ei geben und in die Sauce hängen.

Essig, braunen Zucker, Zimtstange, Salz, Selleriesamen, Paprikapulver und Cayennepfeffer zu der Mischung geben, noch 1 Stunde bei schwacher Hitze einkochen lassen.

Wenn die Sauce dickflüssig ist, Mullsäckchen oder Tee-Ei und Zimtstange entfernen, Sauce abkühlen lassen und im Mixer pürieren.

Die Sauce erneut auf die Herdplatte stellen und bei schwacher Hitze eindicken lassen, bis sie zu köcheln beginnt; dabei regelmäßig umrühren, damit sie nicht am Topfboden anhaftet.

Abschmecken und eventuell nachwürzen, dann das Ketchup in Gläser füllen und luftdicht verschließen.

Dieses Ketchup ist 2 Jahre haltbar.

Chiliketchup ▸

Für 1 Glas (250 ml)
200 g trockener Speisequark
1 EL selbst gemachtes Ketchup (s. oben)
1 EL Chilipulver
1 Zwiebel, gehackt
1 EL Worcestersauce
1 EL Schnittlauchröllchen
Salz, frisch gemahlener Pfeffer

Alle Zutaten in einer großen Schüssel zu einer gleichmäßigen cremigen Masse verrühren.

Dieses Chiliketchup ist im Kühlschrank in einem geschlossenen Gefäß 1 Woche haltbar.

Tipp: Chilipulver ist nicht immer gleich scharf. Sie können die im Rezept angegebene Menge nach Geschmack verändern.

Mayonnaise ▸

Für 1 Glas (300 g)
2 frische Eigelbe
1/2 TL scharfer Senf
1 Prise Salz
1 Prise weißer Pfeffer
250 ml geschmacksneutrales Pflanzenöl (z. B. Sonnenblumenöl)
2 EL Zitronensaft

Achten Sie darauf, dass bei Beginn der Zubereitung alle Zutaten Zimmertemperatur haben, sonst wird die Mayonnaise möglicherweise nicht fest.

Eigelb, Senf, Salz und Pfeffer mit dem Rührgerät vermischen. 1 EL Öl hinzufügen und vorsichtig weiterrühren. Anschließend unter ständigem Rühren in dünnem Strahl weiter Öl zugießen, bis die Mayonnaise dickflüssig wird.

Kurz bevor das Öl aufgebraucht ist, Zitronensaft zugeben. Restliches Öl wieder unter Rühren langsam zugießen. Nach Belieben abschmecken.

Diese Mayonnaise ist im gut verschlossenen Glas mehrere Tage haltbar.

> Im Englischen bezeichnet **PICKLES** einen bestimmten Sud, in den man Gurken einlegt. Im weiteren Sinne sind Pickles eine Beilage aus verschiedenartigem Gemüse (Gurken, Blumenkohl, Zucchini usw.), die in einem Sud auf der Grundlage von Essig und Salz eingelegt werden; Gewürze und Zuckergehalt sind je nach Rezept unterschiedlich.

Hausgemachte Pickles

Für 4 Gläser (je 500 ml)
1,5 kg Salatgurken
250 g Zwiebeln
4 EL grobes Salz
100 g brauner Zucker
1 TL Curcuma
1 TL Ingwerpulver
1 Prise Piment
1 EL Speisestärke
4 EL scharfer Senf
400 ml Apfelessig
120 ml Wasser

Salatgurken und Zwiebeln in dünne Scheiben schneiden. In einer Salatschüssel mischen und mit grobem Salz überstreuen. Mindestens 3 Stunden durchziehen, anschließend abspülen und abtropfen lassen. Zucker, Gewürze, Piment, Speisestärke, Senf, Essig und Wasser in einen großen Topf geben und zugedeckt zum Kochen bringen. Abgetropfte Gurken und Zwiebeln zugeben, nochmals aufkochen lassen und vom Herd nehmen.

Alles in ausgekochte Gläser füllen und luftdicht verschließen.

Die Pickles sind mehrere Jahre haltbar.

Zucchinirelish

Für 3 Gläser (je 500 ml)
1 EL grobes Salz
1 kg Zucchini, geraspelt
250 g Zwiebeln, gehackt
125 ml Apfelessig
50 g brauner Zucker
2 TL Curcuma
2 TL geriebene Muskatnuss
1 EL Senfpulver
1/2 rote Paprika, gehackt
1/2 grüne Paprika, gehackt

Zucchini und Zwiebeln in eine große Schüssel geben, Salz darüber streuen. Mischen und mindestens 12 Stunden durchziehen lassen. Danach abspülen und abtropfen lassen.

Essig, Zucker und Gewürze in einem Topf vermischen und aufkochen lassen. Zucchini, Zwiebeln und Paprika zugeben, 15 Minuten kochen lassen.

Noch heiß in ausgekochte, luftdicht verschließbare Gläser füllen.

Das Relish ist 1 Jahr haltbar.

◄ Geröstete Paprika

Für 2 geröstete Paprika
2 Paprika
1 EL Olivenöl

Grill oder Backofen auf 200 °C (Gas Stufe 7) vorheizen.

Die Paprikaschoten im Ganzen auf ein Blech setzen und in den Ofen geben. Backen, bis sie gut durch sind und die Haut Blasen bildet (etwa 15 Minuten).

Paprikaschoten in eine Schüssel geben und mit Klarsichtfolie abdecken. Nach dem Erkalten Haut abziehen, Kerne entfernen und in Streifen schneiden.

Paprikastreifen zum Einlegen mit Olivenöl beträufeln, anschließend in eine luftdicht verschließbare Dose geben.

Im Kühlschrank sind sie einige Wochen haltbar.

Tipp: Geröstete Paprika kann man auch in der Mikrowelle zubereiten: bei höchster Stufe etwa 3 Minuten erhitzen (Garzeit und Stufe hängen von der Leistung des Gerätes ab). Danach in eine Plastiktüte geben und abkühlen lassen. Herausnehmen und enthäuten, dann wie oben beschrieben weiterverarbeiten.

Liste der verwendeten Zutaten

A
Anchoiade 7, 44, 130
Anisstern 104
Apfel 100
Apfelessig 51, 52, 54, 132, 135, 136, 138, 141
Apfelsenf 7, 10, 117, 135
Artischocke 64
Aubergine 34, 46, 74, 92, 127, 128
Avocado 28, 39, 68, 80, 103, 129

B
Bacon 24, 82
Baguette 7, 8, 24, 34, 36, 52, 100
Balsamessig 26, 28, 42, 46, 90, 95
Barbecuesauce 54
Basilikum 31, 34, 42, 46, 67, 74, 86, 90, 95, 108, 124, 134
Basilikumöl 42, 134
Bauchspeck 39, 49, 68, 78, 82
Bauernbrot 51
Bier 52, 54, 58
Birne 7, 111
Blattsalat 142
Blattsalat, gemischt 28, 44, 51, 108
Bohnen 74, 80, 89
Bohnen, weiß 7, 74, 89
Bohnen, schwarz 7, 80
Bohnenkraut 92
Brie 36, 73, 108
Broccio 92

C
Camembert 73
Caponata 7, 127
Cayennepfeffer 41, 51, 100, 124, 136
Champignon 89
Cheddar 28, 49, 58, 118
Chiliflocken 54
Chilischote 41, 102, 127
Chinesisches Fünfergewürz 41
Ciabattabrötchen 24, 26, 46, 54, 118, 120
Cornedbeef 32
Crème fraîche 28, 77, 124
Crottin de Chavignol 57
Curcuma 138, 141
Curry 18, 20, 124

D
Danablu 27
Dijonsenf 31
Dill 7, 28, 40, 67, 82, 102, 120

E
Edamer 28
Eisbergsalat 24
Emmentaler 56, 57
Entenbrustfilet 118
Entenstopfleber 7, 8, 96
Erdnussöl 51, 117
Estragon 67, 74, 124

F
Feige 142
Feldsalat 103
Fisch, gegart 120
Fleur de Sel 104
Forelle 77
Fourme d'Ambert 142
Frischkäse 16, 27, 28, 67, 70, 72, 74, 77, 100, 124
Friséesalat 31

G
Geflügelleber 8, 96
gemischter Salat 16, 74
geräucherter Speck 39, 78, 82
Gewürznelken 41, 136
Gorgonzola 27, 39
Gouda 28, 49, 52, 118
Gruyère (Greyerzer) 32, 34, 56, 62, 81
Guacamole 7, 82, 129
Gurke 54, 67, 70, 82

H
Hähnchenbrustfilet 19, 20, 24, 28, 39
Hamburgerbrötchen 8, 16, 18, 48, 49
Hummer 23, 103

I
Ingwer 7, 18, 39, 51, 132

J
Joghurt 19, 20, 23, 40, 80

K
Kapern 7, 40, 45, 65, 77, 82, 92, 120, 127
Kerbel 28, 67, 124
Ketchup 48, 111, 114, 117, 118, 130, 136
Kichererbsen 129
Kirschtomaten 89
Knäckebrot 12, 108
Knoblauch 7, 16, 18, 31, 34, 39, 46, 52, 54, 74, 78, 86, 89, 91, 92, 94, 95, 96, 99, 124, 127, 128, 130, 132, 134, 135, 136
Knoblauchpüree 7, 42, 64, 130
Kopfsalat 24, 28, 34, 40, 73, 81, 82

Koriander 20, 39, 74, 80, 127, 129
Kräuter 67, 74, 86, 124, 127
Krebsfleisch 7, 20, 100
Kresse 70
Kümmel 10, 34, 54, 74
Kümmelbrot 10, 32

L
Lachsfilet 51
Lammhackfleisch 41
Landbrot 10, 86, 89, 90, 91, 92, 94, 95, 96, 98, 99, 102, 103, 104, 107
Lauchzwiebel 52, 129
Liebstöckel 106, 124
Linsen, grün 96
Lorbeerblatt 104

M
Mangold 142
Meerrettich 7, 114, 120
Meersalz 104, 120
Mehrkornbrötchen 39
Melasse 54
Milchbrötchen 8, 23
Minze 46, 72, 74
Mozzarella 26, 62, 92, 94
Muskatnuss 34, 56, 141

O
Oliven 8, 12, 16, 31, 39, 62, 67, 92, 108, 128, 130
Oregano 67, 86, 124, 127

P
Pancetta 68, 78
Paprika 6, 7, 8, 16, 19, 20, 31, 32, 34, 42, 52, 54, 92, 98, 100, 117, 118, 120, 127, 132, 136, 141
Parmaschinken 46, 89
Parmesan 67, 89, 134
Pecorino 78
Pesto 8, 62, 98, 130, 134
Petersilie 31, 41, 44, 46, 48, 56, 67, 74, 78, 92, 117, 120, 128, 130
Pickles 7, 20, 118, 138
Piment 41, 51, 138
Pimentkörner 136
Pinienkerne 41, 90, 111, 134
Pitabrot 12, 39, 40, 41
Pökelfleisch 32
Putenbraten 117
Putenbrustfilet 52, 80, 81

Q
Quark 20, 23, 65, 124, 136

R
Radicchio 108
Radieschen 7, 73, 74
Räucherforelle 77
Räucherlachs 28, 67, 77, 82
Reisweinessig 67
Relish 10, 114, 118, 141
Ricotta 46, 67, 95, 124
Rinderhackfleisch 48, 49, 52, 117
Roastbeef 34, 114
Roggenbrot 7, 10, 100, 106, 114, 117
Rollmops 143
Roquefort 27, 39
Rosinen 111, 132
Rotweinessig 127
Rübchen 72, 1992024877
Rucola 20, 24, 26, 42, 73, 78, 91, 94, 99, 104

S
Salatgurke 20, 39, 40, 51, 54, 67, 70, 74, 82
Salbei 45, 96
Sardelle 16, 31, 65, 89, 92, 99, 127, 130, 135
Sardellenpaste 44, 108
Sardinen in Olivenöl 45
Sauerkraut 6, 32
Sauerteigbrot 7, 10, 19, 20, 45, 86, 103, 108, 111, 118, 124
Sauerteigbrötchen 44
Scampi 103
Schalotte 100, 104
scharfer 23, 36, 58, 62, 67, 135, 138
Schinken 6, 8, 10, 12, 28, 36, 46, 52, 56, 57, 62, 78, 89, 91, 114, 118
Schnittlauch 96, 124
Schwarzbrot 7, 10, 28, 117, 120
Schweinebraten 80
Schweinehackfleisch 117
Schweizer Käse 6, 32
Sellerie 16, 19, 23, 32, 52, 106, 132
Selleriesamen 136
Semmelbrösel 117
Senf, chinesischer 18, 135
Senf, körniger 72, 81
Senfkörner 51, 73
Sesamöl 18
Sesampaste 74, 129
Sherry 100
Shrimps 28, 40, 103
Sojasauce 18, 51, 135

Sonnenblumenöl 18, 54, 138
Spargel 91
Speisequark 20, 23, 65, 124, 136
Spinat 73, 94
Steinpilze 89, 107
Stilton 27
Szechuanpfeffer 41, 132

T
Tabasco 20, 32, 40, 49, 129
Tahina 74, 129
Tapenade 7, 44, 45, 65, 77, 108, 130
Thunfisch naturell 16, 31, 64, 65, 77
Thunfischfilet 18
Thymian 52, 92, 100, 104, 108
Toastbrot 8, 10, 16, 23, 24, 26, 28, 42, 52, 53, 56, 57, 58, 62, 64, 65, 67, 68, 70, 72, 73, 74, 77, 78, 118
Tomaten 8, 16, 24, 26, 28, 31, 39, 46, 48, 52, 57, 78, 81, 82, 86, 89, 94, 95, 102, 104, 111, 127, 132, 136
Tomaten, getrocknet 46
Tomatenchutney 7, 24, 70, 118, 120, 132
Tomatenmark 54
Tomatenpüree 127
Tortilla 12, 78, 80, 81, 82
Traubenkernöl 143
Trockenhefe 8, 10, 117

V
Vinaigrette 16, 31, 39, 67, 95, 96
Vollkornbrot 28, 68

W
Walnussbrot 10, 27
Weinessig 31, 39, 54, 89, 91, 96
Weißkohl 18
Whisky 58
Wolfsbarsch 102
Worcestersauce 49, 52, 78, 136

Z
Ziegenfrischkäse 99, 111, 124
Ziegenkäse 42, 44, 57, 111
Ziegenkäserolle 44
Zimtstange 136
Zitrone 16, 20, 26, 40, 41, 54, 68, 70, 72, 74, 99, 100, 120, 128, 135
Zitrone, grün 80, 102, 108
Zucchini 34, 44, 45, 90, 138, 141
Zucker 8, 51, 100, 127, 132, 136, 138, 141
Zwiebel 16, 19, 24, 34, 41, 51, 52, 54, 96, 100, 102, 106, 108, 124, 127, 128, 136